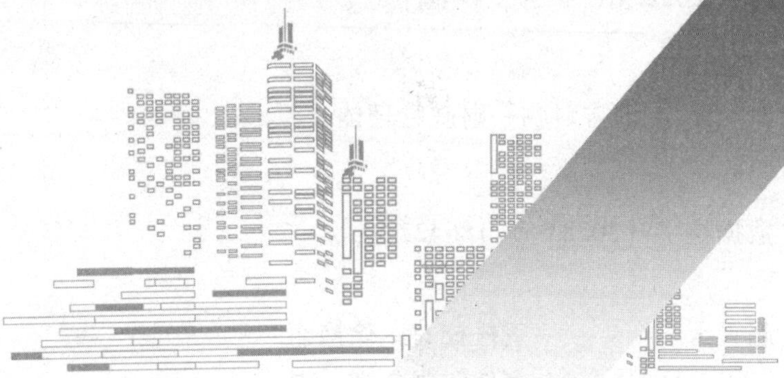

DIFANG
XIANDAI CAIZHENG
ZHIDU JIANSHE DE
SHIJIAN TANSUO

地方现代财政制度建设的实践探索

余丽生　等／著

中国财经出版传媒集团
中国财政经济出版社

图书在版编目（CIP）数据

地方现代财政制度建设的实践探索／余丽生等著. --北京：中国财政经济出版社，2022.10

ISBN 978-7-5223-1706-9

Ⅰ.①地… Ⅱ.①余… Ⅲ.①地方财政-财政管理体制-研究-中国 Ⅳ.①F812.7

中国版本图书馆 CIP 数据核字（2022）第 186422 号

责任编辑：胡 懿 赵天天　　　责任校对：徐艳丽
封面设计：卜建辰　　　责任印制：党 辉

地方现代财政制度建设的实践探索
DIFANG XIANDAI CAIZHENG ZHIDU JIANSHE DE SHIJIAN TANSUO

中国财政经济出版社 出版

URL：http：//www. cfeph. cn

E-mail：cfeph@ cfeph. cn

社址：北京市海淀区阜成路甲 28 号　邮政编码：100142

营销中心电话：010-88191522

天猫网店：中国财政经济出版社旗舰店

网址：https：//zgczjjcbs. tmall. com

北京富生印刷厂印刷　各地新华书店经销

成品尺寸：170mm×240mm　16 开　16.25 印张　200 000 字

2022 年 10 月第 1 版　2022 年 10 月北京第 1 次印刷

定价：69.00 元

ISBN 978-7-5223-1706-9

（图书出现印装问题，本社负责调换，电话：010-88190548）

本社质量投诉电话：010-88190744

打击盗版举报热线：010-88191661　QQ：2242791300

《地方现代财政制度建设的实践探索》课题组

负责人： 余丽生

成　员： 葛铭松　邵建峰　刘志新

张春喜　吴建勇　沈　利

沈　菲　郭宏宝　杨晓帆

张　洁　沈　颖

前言

财政是国家治理的基础和重要支柱，科学的财税体制是优化资源配置、维护市场统一、促进社会公平、实现国家长治久安的制度保障。党的十九大提出加快建立现代财政制度。要建立现代财政制度，需要从上到下的财政改革推进，需要中央财政的顶层设计，也需要地方财政的实践，在实践取得成效的基础上进行总结和提炼，将有益经验上升到国家战略，这也是改革推进的有效办法。

县级政府作为我国基层政府，在我国政府治理体系中占有举足轻重的地位。县级政府职能作用的发挥离不开县级财政的作为。县级财政是我国地方财政的重要组成部分，在现代财政制度建设的过程中，县级财政的作用不可或缺。近年来，浙江省长兴县现代财政制度建设积极主动，在现代财政制度建设中成效显著，成为地方现代财政制度建设的典型代表。

长兴县属于浙江省湖州市，地处浙、苏、皖三省交界处，东临太湖。县域面积 1430 平方公里，下辖 9 镇 2 乡 4 街道，常住人口 67.4 万人，是浙江省接轨“长三角”的桥头堡，是浙江经济发展最有活力的地区之一，也是全国百强县之一。

长兴县历史悠久，底蕴深厚。春秋吴越争霸时期，吴王阖闾派弟夫概居于此并筑城，得名“长城”。晋武帝太康三年（公元 282 年）建长城县，后梁开平四年（公元 910 年）改名长兴县，寓意长治久安、兴旺发达。长兴县有“帝乡佛国”之称，陈朝开国皇帝陈霸先出生于此。浙江人类历史从这里写起，泗安七里亭旧石器早期人类遗址距今 100 万年以上。长兴县还是中国茶文化发祥地之一，“茶圣”陆羽在此写就中国第一部茶叶专著《茶经》，百叶龙舞、紫笋茶制作技艺入选国家级非物质文化遗产。长兴县还拥有林城狮舞、十番锣鼓、洪桥龙舟、下箬马灯、泗安旱船等民间艺术。明代散文大家归有光、小说家吴承恩曾同治长兴。

长兴县区位优越，交通发达，地处“长三角”中心腹地、浙苏皖三省交界，位于太湖西南岸，是浙江省的北大门，自古被称为“通衢之地”。县内有1条黄金水道（长湖申航道）、3条国道（104国道、318国道、235国道）、5条铁路（杭宁高铁、商合杭高铁、宣杭铁路、长牛铁路、新长铁路）、4条高速公路（杭宁、杭长、申苏浙皖、申嘉湖），与上海、杭州、南京等大城市在“1小时交通圈”内。

长兴县物产富饶，资源丰富，素有“鱼米之乡”“丝绸之府”“东南望县”美誉。该县名优特产众多，有闻名内外的“太湖四珍”（银鱼、白虾、鲚鱼、大闸蟹），有久负盛名的“长兴四宝”（银杏、吊瓜、板栗、青梅），有令人称绝的“品茗三绝”（紫笋茶、紫砂壶、金沙泉）；同时旅游资源丰富，有被称作“江南小延安”的新四军苏浙军区司令部旧址，有被誉为“古生态三绝”的“金钉子”地质遗迹、古银杏、扬子鳄3个上亿年的珍稀自然遗产，有风景秀丽的仙山湖、图影湿地、顾渚茶乡等景区，还有即将全面建成的世界级旅游综合体“太湖龙之梦乐园”。

长兴县经济活跃，发展迅速，是全国综合实力百强县、全国县域经济竞争力百强县、全国投资潜力百强县、全国绿色发展百强县、中国工业百强县、中国创新百强县、中国营商环境百强县，是浙江省制造业高质量发展示范县、省级全面创新改革试验区、省级军民融合创新示范区、全省纯电动汽车及关键零部件产业发展基地。长兴县工业聚力做强智能汽车及关键零部件标志性产业，做大新能源、生物医药、智能装备、数字产业等战略性新兴产业，提档升级现代纺织、非金属矿物制品等两大优势传统产业；农业以精品湖羊、优质茶叶、名优水果、花卉苗木、商品蔬菜、特种水产、高效竹林等为特色；服务业以现代金融、休闲旅游、现代物流为优势。2021年，该县实现地区生产总值801.39亿元、增长9.5%；城乡人均可支配收入分别达到6.8万元、4.2万元，分别增长9.6%、11.4%。

长兴县生态优美，社会和谐。城乡加快一体融合，常住人口城镇化率63.9%，中心城市建成区48平方公里，城乡居民收入比1.63:1；是国家县城新型城镇化建设示范县、全国县域数字农业农村发展先进县、浙江省首批美丽县城试点县、浙江省新时代美丽乡村示范县。生态环境不断改善，“五水共治”夺得“大禹鼎”银鼎，是国家生态文明建设示范区、全国农村生活污水治理示范县、省级清新空气示范区。社会事业协调进步，拥有湖州市、浙江省乃至全国一流的文教卫基础设施，是全国新时代文明实践中心建设试点县、全国义务教育发展基本均衡县、公立医院综合改革国家级示范县、全国文化先进县，先后获得国际花园城市、中国人居环境奖、国家卫生县城、全国双拥模范县、全国首创县域治理现代化示范县等诸多美誉，平安长兴夺得“十五连冠”“一星金鼎”。

长兴县经济社会的发展离不开财政职能的发挥，离不开财政政策的作用。长兴县财政紧紧围绕党的十九大提出的加快建立现代财政制度的要求，主动作为，锐意改革，积极创新，财政职能作用得到有效发挥，财政的功能得到强化。2021 年，长兴县实现财政总收入 146. 89 亿元、增长 20. 6%，其中一般公共预算收入 82. 75 亿元、增长 22. 5%，财政工作得到湖州市财政局、浙江省财政厅的充分肯定，先后获湖州市预算绩效管理突出贡献集体、浙江省会计管理先进单位、浙江省经济建设财务管理先进单位、浙江省财政支农工作先进单位、浙江省财政综合管理工作优秀单位、浙江省“一事一议”财政奖补工作成绩突出县、浙江省财政系统先进集体等荣誉称号。

长兴县财政的这些经验做法不仅对其自身来说是开创性的，是财政改革和发展的突破，而且对浙江省、对全国的财政改革和发展都有参考的价值、借鉴的作用。为了及时总结长兴县现代财政制度建设的实践经验，我们对长兴县的公共财政建设改革和发展进行了系统的调查研究，作了认真的梳理和思考。寄希望通过长兴县现代财政制度建设案例的剖析，为浙江省、为全国的现代财政制度建设提供思路和借鉴，这也是本书的目的所在。

《地方现代财政制度建设的实践探索》课题组

2022 年 6 月

目 录

第一章

加快建立地方现代财政制度的探索

党的十八届三中全会提出要全面深化财税体制改革，明确财政是国家治理的基础和重要支柱，科学的财税体制是优化资源配置、维护市场统一、促进社会公平、实现国家长治久安的制度保障。党的十九大提出要加快建立现代财政制度，对财税体制改革提出了新要求。按照现代财政制度建设的要求，浙江省长兴县财政锐意改革、积极探索，在地方现代财政制度改革方面取得了积极的成绩，财政收入增长稳定，财政支出保障有力，财政绩效提升明显，财政管理规范，财政风险控制有方，确保了财政的健康稳定可持续发展，为地方政府职能的实现提供了有力的保障。财政改革无止境，财政发展无止境，财政实践无止境，财政改革的深化需要自上而下的谋划，也需要自下而上的探索，以寻找符合实际的改革路径，为现代财政制度建设提供支持。长兴县财政作为基层财政，没有“等靠要”，而是主动作为，走出一条基层财政建设现代财政制度的新路子。长兴县财政的探索，对浙江省，甚至对全国各地现代财政制度建设都是有启发的，为地方现代财政制度建设提供了有效的改革思路和改革经验。

一、现代财政制度理解

党的十九大明确提出要加快建立现代财政制度，对现代财政制度建设提出了具体的要求，明确了财政改革的方向，财政改革和发展进入新时代。因此，必须按照财政改革和发展的要求，强化财政职能，加快建立现代财政制度，推进国家治理体系和治理能力现代化。

（一）什么是现代财政制度

加快建立现代财政制度，必须对现代财政制度要有清晰的认识、科学的把握，这是财政改革的新要求，财政理论的新命题。尽管目前还没有统一的标准、统一的规定，人们的理解也各有偏颇，现代财政制度还在实践发展中，但现代财政制度应该是建立在法制基础上，按照国家治理体系和治理能力现代化的要求，满足社会公共需要的财政。

一是现代财政制度是体现国家治理的基础和重要支柱的财政。财政是国家治理的基础和重要支柱，这是由财政的地位决定的，是现代财政制度对财政职能的科学定位，把财政提高到国家治理体系和治理能力现代化的角度定位财政。财政表现的是分配的范畴，属于经济问题，这是通常对财政的理解；但财政不仅仅是分配的范畴、经济的问题，财政分配体现的是政府的政策，是政治问题，也体现了文化、社会和生态文明发展的需要，财政是经济、政治、文化、社会、生态文明五位一体的综合反映和体现。而把财政改革目标定位建立现代财政制度，就能很好地保障财政职能作用的发挥，推进国家治理体系和治理能力现代化。

二是现代财政制度是法治的财政。市场经济是法治经济，法的约束不仅面向所有的市场行为主体，而且包括政府。建设法治国家，财政法治化是重要组成部分，是推动和保障市场经济运行的有力支撑。现代财政制度就是依法理财、依法治税的财政，财政工作的立足点、出发点就是法治，离开法治的保驾护航都不能算作现代财政制度。随着预算法的实施，我国财政法治化的水平有了很大的提高，为现代财政制度建设奠定了基础，但离法治财政的要求还有很大的距离，“有法可依、有法必依、执法必严、违法必究”还没有普遍实现，这也是建立现代财政制度的目的所在。

三是现代财政制度是公开透明的财政。财政是政府的财政，在现代市场经济条件下，政府的财政行为是受到约束的。也只有受到约束和限制，政府的财政行为才能规范，而公开透明是监督政府财政行为的前提，也是避免政府财政行为“暗箱操作”的利器。现代财政制度就是公开透明的财政制度，政府的财政行为、财政政策、财政制度等是公开透明的，对企业和社会组织是一视同仁的，自觉接受人大、审计、社会的监督，这是现代财政制度的表现形式。随着法治财政建设的加强，我国财政公开性和透明度在不断加强和提高，但离现代财政制度仍有距离，还不能说已建成现代财政制度。建立现代财政制度就是让财政走向公开透明，让财政阳光化。

四是现代财政制度是绩效的财政。财政从事的是分配职能，财政资金“取之于民，用之于民”，但如何把财政资金用好、用在“刀刃”上，产生更好的效果，发挥更大的作用，这就需要加强财政的绩效管理。随着财政改革的推进，财政的绩效问题开始受到重视，但做到还是远远不够的，财政资金的绩效使用、绩效管理还没有深入人心，财政资金使用效益不高、资金使用浪费现象时有存在、时有发生。现代财政制度是建立在财政绩效管理基础上的，对财政的绩效管理有严格的要求，财政资金使用前要有绩效的预算，使用后要有绩效评价，并作为财政资金使用和加强财政管理监督的依据。没有绩效的财政或不重视绩效管理的财政，不能称为现代财政制度。财政资金使用效益不高，没有把财政管理纳入绩效的轨道，这是财政没有走向现代财政制度的表现。重视绩效管理，把绩效管理贯穿于财政运行的全过程这是现代财政的基本要求。

五是现代财政制度是受预算约束的财政。预算是财政工作的核心，预算既是财政的计划，体现了政府的政策，是经济、政治、文化、社会和生态文明的综合反映，预算又是对政府财政行为的有效监督和控制。一方面，现代财政制度是有严格的预算制度的，预算是经过科学、规范、合理的编制，并经过各级人民代表大会审议的、具有法律效力的。另一方面，现代财政制度要求各级政府要严格执行预算，预算是严肃的，收支必须要有预算，预算对政府的权力是有严格的制约的，违反预算是要受到惩处的。同时，在现代财政制度下，政府的预算又要受到严格的监督，包括内部监督、审计监督、人大监督，预算执行的情况要进行绩效评价，以增强预算的严肃性、预算的科学性、预算的合理性。这些都是现代财政制度条件下预算核心地位的具体体现，是现代财政制度对预算的基本要求。

六是现代财政制度是发挥重要调控作用的财政。在社会主义市场经济中，市场机制在资源配置中发挥着决定性的作用，但在某些领域，如公共产品，外部性、自然垄断、信息不对称，以及社会分配不公、宏观经济不稳定等领域，市场机制无法发挥作用。正是这些“市场失灵”领域的存在，决定了政府干预和财政介入的必要性和范围。市场失灵的存在是财政发挥重要作用的前提，财政的作用是弥补市场的不足，承担市场不愿做、不想做和做不到的，发挥财政的调控作用和重要支柱作用，确保市场经济的平稳健康发展。当然，在现代市场经济发展过程中，财政的支柱作用，绝不是取代市场机制在资源配置中的决定性作用，而仅仅是对市场失灵领域的矫正和弥补，更好地发挥市场机制的决定性作用，现代财政制度的职责是把政府和市场的关系处理好，使市场资源配置的决定性作用和政府的重要作用得到有机结合，推动社会主义市场经济发展。

（二）加快建立现代财政制度的必要性

建设现代财政制度是适应国家治理体系和治理能力现代化的需要，是财政发展的必然要求，也是政府职能实现的需要。

1. 加快建立现代财政制度是财政职能所决定的

在社会主义市场经济条件下，财政不是万能的，但没有财政却万万不能，这是由财政职能作用和地位决定的。财政是国家掌握和调控公共资源的手段，在经济社会发展和日常生活的各个方面，都离不开财政，都有财政的影子。在经济社会发展方面，保障民生需要财政，维护政权运转需要财政，改善发展环境需要财政，统筹城乡发展需要财政，推进公共服务均等化需要财政，等等；在日常生活方面，维护物价稳定需要财政，改善居民住房需要财政，给困难家庭补助需要财政，解决困难家庭子女上学需要财政，给农村劳动力培训需要财政等。这些都使财政始终处于社会矛盾的焦点上，但财政也有自己的作用边界，有自己的作用范围。否则，财政就会越位、缺位，甚至错位，偏离公共财政的运行轨道，财政作用的发挥就会偏离方向。一方面，财政的作用要以不与民争利为原则，要处理好政府与市场的关系，凡是有利的，市场能够作用得到或作用得比较好的地方，就要发挥市场机制的作用，让市场主动去调节，从而实现市场在资源配置中的决定性作用。只有那些市场作用不到或市场不愿作用的地方，如提供公共产品，调节区域经济社会发展，促进城乡统筹，维护弱势群体的利益等，这些存在市场缺陷的地方，财政要积极主动全力介入，使政府和市场有合理的分工，以保持市场健康平稳运行。另一方面，财政的作用要以不扭曲市场竞争为原则。公平竞争是市场经济的基本原则，而财政的作用实质是财政对市场经济的干预，把市场“无形的手”和政府“有形的手”结合起来，但这种结合不能违背市场规律、破坏公平竞争。财政制度的制定和政策的出台，必须一视同仁，体现公平的原则，否则会扭曲市场竞争，不符合市场经济的发展。建立现代财政制度就是为了更好地发展市场在资源配置中的决定性作用和政府的重要作用，处理好政府和市场的关系，发挥好财政的职能作用，促进经济社会发展。

2. 加快建立现代财政制度是全面深化财税体制改革所决定的

经过30多年的努力，财政改革取得了不俗的成绩，财政制度不断健全，并有效地推动了经济社会发展。但是改革已进入深水区，一些简单的、容易的改革基本完成，如今面临的是一些体制性、机制性的难题，主要涉及政府和政府之间、政府部门之间、政府和居民个人之间的利益调整，改革的难度可想而知。如预算改革，改革的是政府自身的利益，而预算改革的深化又直接关系财政管理监督的规范，关系财政资金使用的绩效。又如税制改革，基本的税收制度已经建立，接下来要改革的是提高直接税的比重、进行房产税等税制改革，这些税制改革和个人利益关系密切，是改革推进的难点，处理不好，直接影响到改革的成效。再如财政体制改革，分税制的财政体制已经建立，但事权和支出责任一直难以划分清晰，直接影响政府事权的行事，中央财政集中多了，地方财政尤其是基层财政就有可能出现困难；留给地方的财力多了，直接影响中央财政的调控能力。要突破这些难题，任何单兵突破已无助于问题的解决，改革必须克难攻坚，全面推进。建立现代财政制度，按照国家治理体系和治理能力现代化对财政的要求，全面深化财税体制改革，使财政管理走向规范化、制度化、科学化、现代化。现代财政制度既是财政改革的目标，又是推进全面深化财税体制改革的需要。

3. 加快建立现代财政制度是财政发展所决定的

改革开放40多年的发展，我国经济保持了高速增长，创造了世界经济发展的奇迹，全球金融危机爆发以来，随着我国经济发展环境的变化和我国经济结构调整的需要，我国经济发展进入新常态，即由高速增长阶段进入中高速增长阶段。新常态的重要举措就是推进供给侧结构性改革，通过供给侧结构性改革推进经济新发展，财政发展进入新时期。这要求通过财政的改革和发展，通过财政职能作用的发挥，推进供给侧结构性改革，适应经济发展新常态。现代财政制度的建设，通过税制改革，全面实施营改增，给企业减税，降低企业的成本，增强企业的活力和适应市场发展的能力，以处理好政府和市场的关系，更好地发挥市场在资源配置中的决定性作用。通过预算改革，规范政府的行为，强化对政府的监督，提高政府的办事效率和服务效率，以处理好政府部门之间的关系，发挥好政府的重要作用，实现“小政府，大市场”。通过事权和支出责任相适应的制度建设，把责权利结合起来，使政府的事权和财权、财力相适应，以处理好政府之间的财政分配关系，使政府的财政职能得以实现。因此，现代财政制度建设是新常态下供给侧结构性改革对财政的新要求，现代财政制度建设有利于推动经济结构的调整和产业结构的升级，夯实财政发展的基础，财政发展要求建立现代财政制度。

二、现代财政制度建设的实践

按照加快建立现代财政制度的要求，长兴县财政结合地方经济社会发展实践和区域经济社会发展特点，在大力发展经济，培养财源，做大“财政蛋糕”的同时，优化财政支出结构，强化财政支出管理，规范了财政管理，保障了政府职能的实现，财政的功能作用得到了有效的发挥，财政的职能地位得到了巩固和拓展。可以说，在现代财政制度建设方面，积极探索，勇于实践，走出了一条富有长兴特色的现代财政制度建设之路，为地方现代财政制度建设做出了有益的探索，提供了有效的经验。

（一）加强培养财源，做好财政发展的基础

财源建设是财政工作的基础，没有财源的支撑政府职能实现是难以保障的，长兴县财政始终把财源建设作为财政工作的重中之重，确保了财政收入的稳定增长。2011 年财政总收入突破 50 亿元，达到 54. 54 亿元，增长 36. 01%，一般公共预算收入达到 30. 75 亿元，增长 37. 52%；2018 年财政总收入突破 100 亿元，达到 102. 68 亿元，增长 17. 98%，一般公共预算收入达到 59. 37 亿元，增长 19. 94%；2020 年受疫情影响，财政收入明显下降，但仍保持正增长；2021 年财政收入又实现了快速增长，财政总收入达到 146. 89 亿元，增长 20. 60%，一般公共预算收入达到 82. 75 亿元，增长 22. 49%。2016—2021 年的 5 年里，财政总收入年均增长 13. 20%，一般公共预算年均增长 12. 70%，保持了高增长的发展态势，不仅在湖州市名列前茅，在浙江省也处于前列，而且财政收入非常实，税收收入在一般公共预算中的占比高，2020 年税收收入占一般公共预算的比重高达 93. 92%，比全省平均水平高 7. 52 个百分点；2021 年的比例尽管下降到 88. 91%，仍然比全省的平均水平高 2. 11 个百分点，这得益于长兴县政府和财政部门的理财水平和理财能力，更得益于长兴县经济发展和财源培养（见图 1 – 1）。

1. 抓项目培育培养骨干财源

长兴县地处苏浙皖三省的交界，又位于南太湖之滨，地理位置优越，是长三角一体化发展的桥头堡，发展经济的条件得天独厚。长兴县抢抓机遇，积极改善投资环境，大力招商引资，引进大项目、大企业，推动大发展，把企业做大做强，实现了经济的高质量发展，使财政收入的增长有扎实的基础。在过去的 5 年里，长兴县签约亿元以上项目 585 个，被认定湖州市“大好高”项目 409 个，其中百亿级重特大项目达 3 个。实到外资 12. 9 亿美元。开工、竣工亿元以上产业项目分别达 608 个、

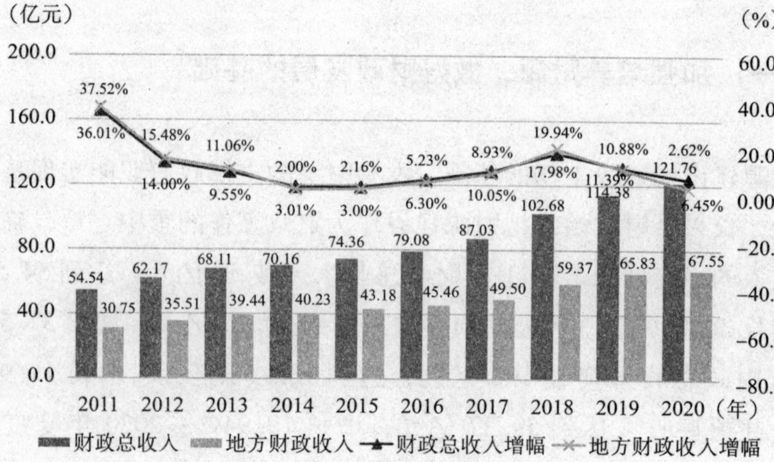

图 1-1　长兴县 2011—2020 年财政收入情况

568 个。企业竞争力显著增强，天能集团、超威集团跻身中国民营企业“500 强”的前 50 位，新增“金象金牛”企业 3 家、上市企业 6 家、规模以上工业企业 186 家，国家级制造业单项冠军示范企业、专精特新“小巨人”企业、省“隐形冠军”企业分别达 3 家、5 家、8 家。

2. 抓产业转型壮大支柱财源

财源的培养来自产业的发展，长兴县不仅重视传统产业的转型升级，更重视新兴产业的培养发展，培育形成“1+4+2”产业体系，智能汽车及关键零部件标志性产业初步形成；新能源、智能装备、数字产业、生物医药等战略性新兴产业增加值年均增长 12% 以上，占比提高 10.4 个百分点；现代纺织、非金属矿物制品等传统优势产业加快向绿色“智造”转型。重视新兴产业的培养和传统产业的转型升级，使长兴县保持了产业的兴旺和经济发展的活力。

3. 抓减税降费政策落实涵养财源

供给侧结构性改革以来，尤其是受新冠肺炎疫情影响，国家出台了许多减税降费政策，目的减轻企业负担，提高产业的竞争力。长兴财政十分重视减税降费政策的落实，用于涵养财源。仅 2021 年落实各类减税降费政策，重点减轻中小微企业、个体工商户和受冲击较大企业的税费负担，全县累计减免各类税收47.6亿元。落实支持三次产业发展政策，2021年专项政策共计支出6.7亿元。并积极设立政策性和引导性产业基金，变传统专项资金普惠支持方式为产业基金精准扶持方式，放大资金杠杆效应。截至2021年底，长兴县产业基金管理规模达42.7亿元。

（二）积极优化财政支出结构，做好财政民生的保障

财政支出反映的是政府职能大小和作用范围，按照现代财政制度建设的要求，长兴县财政按照“量入为出，收入平衡”的理财原则，严格贯彻落实政府过紧日子要求，坚持“保增长、保民生、保稳定”的公共财政取向，从严从紧管好财政支出不断优化财政支出结构，优先保障教育、医疗、就业、社保、保障房等民生支出的需要，民生支出占财政支出的70%以上。2017年，一般公共预算支出63.08亿元，比上年增长9.79%，其中民生支出47.25亿元，同比增长8.15%，占一般公共预算支出的74.90%。2018年，一般公共预算支出71.58亿元，比上年增长13.46%，其中民生支出合计52.87亿元，同比增长11.90%，占总支出的73.86%。2019年一般公共预算支出81.10亿元，其中民生支出合计62.55亿元，同比增长18.32%，占总支出的77.14%。2020年以来受疫情影响，长兴县严格按照“应保尽保，应减尽减，应压必压，可延尽延”的压减原则，优先保障“六稳”“六保”重点工作资金需求。2020年财政支出90.20亿元，其中民生支出共计65.48亿元，增长4.06%，占一般公共预算支出72.6%。2021年一般公共预算支出民生支出73.3亿元，占一般公共预算支出72.0%，增长11.9%。财政支出的结构优化，使得公共财政职能得到充分发挥，有力推动共同富裕建设（见图1-2）。

1. 推进乡村振兴战略实施

按照城乡一体化发展的要求，加大对乡村振兴战略的支持。2017

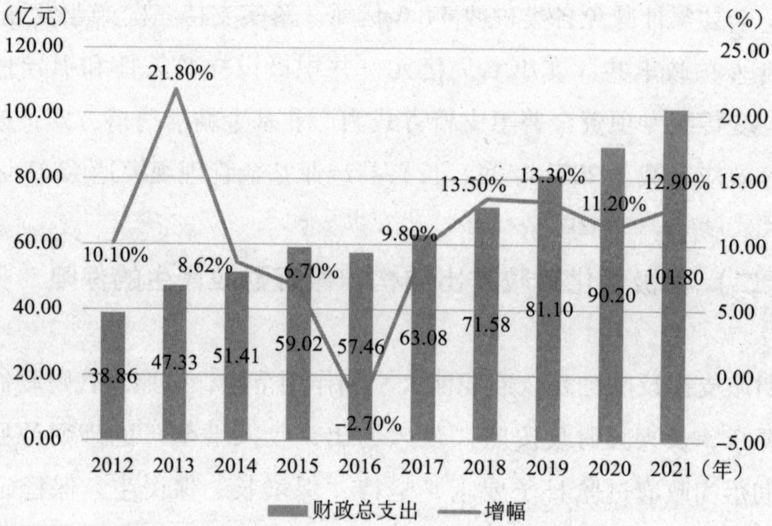

图 1-2　长兴县 2012—2021 年财政总支出情况

年安排农林水支出 8.79 亿元，2021 年扩大到 11.7 亿元，集中力量支持乡村振兴战略，支持农业产业发展、农田水利建设、美丽乡村建设、集体经济发展等。长兴紫笋茶、漾荡河蟹、胥仓雪藕获国家农产品地理标志登记保护，打响“长兴鲜”农产品区域公用品牌，获评全国粮食生产先进集体、县域农业农村信息化发展先进县，农业现代化发展水平综合评价全省第五。全面消除年经营性收入低于 50 万元村，100% 的村庄开展了环境综合整治，创成省级新时代美丽乡村 206 个、特色精品村 25 个，建成新时代美丽乡村样板片区（组团式未来乡村）2 个，获评省级新时代美丽乡村示范县。

2. 加大对社会保障和就业帮扶支持

坚持把社会保障和就业、医疗卫生等作为财政优先保障的重点，给予大力支持。2017 年社会保障和就业支出 5.62 亿元，增长 13.79%，医疗卫生支出 4.69 亿元，增长 15.20%。2018 年社会保障和就业支出 7.16 亿元，增长 27.42%，医疗卫生支出 5.19 亿元，增长 10.75%。2021 年社会保障和就业支出 9.20 亿元，增长 18.56%，医疗卫生支出

7.20 亿元，增长 8.92%。在扎实做好常态化疫情防控，落实全民免费接种新冠疫苗经费，完善财政对公共医疗卫生领域的应急保障机制，切实提高应对突发重大公共卫生事件的能力和水平的前提下，推进公立医院改革，探索完善医共体建设，建立合理的医疗补偿和激励机制。实施就业优先政策，加强困难群体就业援助，确保零就业家庭动态清零。持续完善社会保障、社会福利和社会救助体系，落实城乡低保、临时救助、特困帮扶、抚恤优待等托底政策，保障困难群众基本生活。城镇登记失业率稳定在 2% 以内。全民参保持续扩面提标，“医保 + 慈善”救助新模式在全省推广。最低生活保障标准由 2017 年的 615 元/月提升至 2021 年的 917 元/月。2021 年城镇居民人均可支配收入 68444 元，增长 9.6%，农村居民人均可支配收入 42110 元，增长 11.4%，城乡居民收入比 1.63∶1，比全省平均水平 1.94∶1 少 0.31 个百分点，共同富裕走在全省前列。

3. 突出生态文明建设

始终坚持“绿水青山就是金山银山”的理念，走经济发展型、环境友好型的发展道路。以生态环境保护重点领域为抓手，持续加大财政投入力度，2021 年安排节能环保支出 3.5 亿元，用于污水零直排、治水治气治尘、循环经济、节能降耗、矿山生态复绿、地质灾害防治、饮用水源保护等。生态环境公众满意度连续 5 年列湖州市第一。PM2.5 浓度均值从 2016 年的 43 微克/立方米降至 2021 年的 29 微克/立方米，空气优良率从 77.7% 提升至 90.9%，创建了湖州市首个省级清新空气示范区。建成“污水零直排区”282 个，国控断面水质、集中式饮用水源地水质达标率均达 100%，入选国家水土保持示范县，获评全国农村生活垃圾分类和资源化利用示范县。

（三）严格债务风险管理，坚守财政安全

地方政府债务是财政收入的来源，但债务又不同于税收，需要还本

付息，债务用好了能推动经济快速发展，用不好也会带来财政风险。由于基础设施建设的大投入、开发区的大开发、美丽乡村建设的大推进、环境治理的大改善等原因，长兴县财政的支出压力大，一度地方政府债务率高，是浙江省债务率最高的县市之一。2015 年 1 月 1 日施行的《中华人民共和国预算法》（以下简称新《预算法》）实施以来，按照其要求，长兴县加大了对地方政府债务的化解，债务率从 2016 年的 147.30%，一路下降，降到 2017 年的 98.10%，2018 年的 69.80%，2019 年的 47.8%，2020 年虽有回升，上升到 82%，这正是科学用债管债的体现。因为加强债务管理和风险控制不等于要地方政府不负债，而是合理负债、规范负债。债务率从高风险，逐步下降到低风险，又回到合理的债务水平，充分体现了长兴县政府对债务管理的重视和债务管理能力的高超（见图 1－3）。

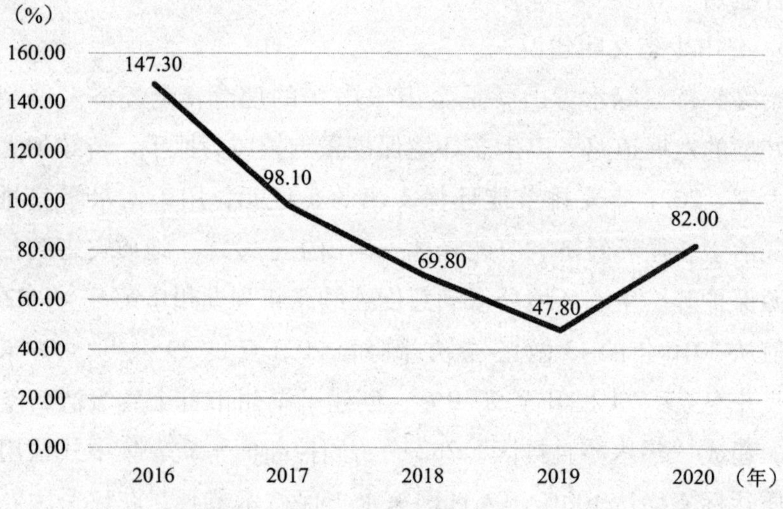

图 1－3　长兴县 2016—2020 年地方政府（法定）债务率情况

1. 认真落实《预算法》规范政府负债

近年来，面对地方政府债务高、风险大的压力，长兴县财政严格按照新《预算法》的要求，及时调整理财思路，优化财政支出结构，规范政府债务行为。一方面控制增量。减少地方政府对债务的依赖，尽量不负债或少负债，避免新债务的产生。另一方面消化存量。通过优化支出结构，压减一般性支出，建立结转结余资金定期清理机制，盘活存量资金，腾出财力统筹用于化债。以时间换空间，在经济发展、财力增长的基础上，把债务率降下来，并为今后的债务管理打下基础，使地方政府债务管理走向正常的轨道。

2. 融资平台转型管控债务风险

地方政府债务增长快，债务风险大，主要来自融资平台承担政府职能而产生的债务。长兴县审时度势，狠抓债务产生的源头，从 2017 年开始对融资平台进行实体化转型，出台了《长兴县国资国企改革方案》，按照资产同质、行业相关、产业关联的原则，整合相关资产及股权等，新组建城投集团、交投集团、文旅集团、金控集团四家集团公司，与经开、南投、环太湖三家园区管理公司，形成了“4 + 3”的国有企业格局。并全力推进县域经营性资产资源股权向四大集团和三大园区管理公司划转，目前已注入资产 189.17 亿元，净资产 139.17 亿元，停车位 6037 个，广告位 63 个点位，水库资产 18.97 亿元，苗圃绿化资产 4.2 亿元。同时通过推进国企高成本债务置换，提高发行债券等直接融资占比等方式，降低了成本。直接融资占比从 2018 年的 33.7% 提高到 2021 年的 47.5%；平均融资成本从 2018 年的 8.0% 降到 2021 年的 6% 左右。通过资产资源及股权的注入，债务结构优化使融资平台成为真正有市场竞争力的市场主体，提升国有企业的市场竞争力。

3. 乡镇财政体制改革防范债务风险

由于事权和财力不匹配，基层财政尤其是乡镇财政困难而导致的债务是债务风险产生的重要因素。面对乡镇财政的实际，长兴县从财政体制上给予充分的保障，将全县乡镇分成三种类型，一类经济创强组，二类协调发展组，三类环境优化组。平台保障组财政支出基数按三类环境优化组标准保障。人员经费（在编在职公务员及事业人员）25 万元/年·人；公用经费（在编在职公务员、事业人员）2.4 万元/年·人；

编外用工人员（按编办核编数）经费 5 万元/年・人；离退休人员福利费核定标准按县定福利费标准核拨（付给县老干部局除外），退休人员按 1 万元/年・人核拨。为促进乡镇社会事业均衡发展，实现共同富裕，县财政按常住人口 60 元/年・人安排社会事业发展资金，补助给乡镇用于社会事业发展。事权和财力的匹配，给乡镇财政更多的财力支持，以满足乡镇财政提供基本公共服务能力，这就从源头上避免乡镇财政债务的产生。

（四）创新预算绩效管理的推进，做好财政绩效的突破

财政资金是有限的，而社会对财政资金的需求是无限的，如何把财政资金用好、用在刀刃上，核心是要重视和加强预算的绩效管理。长兴县财政始终把预算绩效管理作为财政工作的重点来抓，2019 年 12 月出台了《长兴县委、县政府关于全面落实预算绩效管理的意见》和《长兴县全面落实预算绩效管理三年行动计划（2019—2021 年）》，先后建立起全方位、全过程、全覆盖的预算绩效管理体系，构建了分行业、分领域、分层次的核心绩效指标和标准体系，出台了财政与纪检、审计等部门检查成果共享和检查协作长效机制，把财政监督和纪律监督、审计监督紧密结合起来，有效形成监督合力。并建立健全预算安排与绩效目标、资金使用效果挂钩的激励约束机制，确保财政性资金使用效益最大化，预算绩效管理全面推进。2021 年，共有重点评价项目 12 个，涉及资金 5.49 亿元，乡镇整体绩效评价试点 3 个，部门整体绩效评价试点 3 个；绩效自评范围已覆盖全部政策项目支出，涉及 53 个部门，18 个乡镇、街道（园区）整体绩效自评，推动了单位自评、部门评价、财政重点评价工作相结合，提升预算绩效评价层级，逐步实现预算绩效管理全过程跟踪问效。

1. 制定预算绩效管理工作规范

要实施全面预算绩效管理，必须要有可操作性的工作规范。按照全面预算绩效管理的要求，长兴县财政率先垂范，不断开拓创新，2020年全国最先发布首个地方性标准《财政预算绩效全生命周期监督管理工作规范》，推动了预算绩效管理工作的开展。在财政预算绩效管理地方规范基础上，2020年又升级打造“5+1”制度，构建绩效目标制定6大模块，为不同的项目目标制定设立不同的标准。一是五项制度，对原有的相关制度《长兴县绩效目标管理制度》《长兴县预算绩效运行监控管理制度》《长兴县预算绩效管理结果应用制度》进行调整升级，并新增《长兴县第三方机构参与预算绩效管理制度》《长兴县预算绩效信息公开制度》两项制度。二是联席机制，与人大财经委、纪委监委、审计、发改等部门，合力建立起全周期财政绩效监管协商机制；三是六大模块，将预算项目分为经济建设类、民生实事类、生态环境类、社会治理类、公共服务类、其他通用类六大类，明确不同类型项目指标权重的区间，对数量指标、质量指标以及满意度指标设定和占比进行规范。

2. 实现数字化项目全生命周期闭环管理

在全面推行预算绩效管理的基础上，长兴县为了切实抓好数字化项目统筹管理，开发建设“长兴县数字化项目全生命周期管理”应用场景，实现绩效目标100%前置预算编制，数字化项目全生命周期闭环管理，推进跨科室、跨部门流程再造、业务协同和数据共享，重塑和优化政府投资数字化项目管理机制，在预算绩效管理上取得重点突破。2020年以来，共有184个项目实现线上线下全流程闭环管理，涉及项目总投资5.87亿元，经严格审核把关后对62个不符合国家及省市数字化改革要求的项目建议暂缓或停建，核减总投资达3.53亿元，核减率高达60.13%，有效提高项目建设质量，避免重复建设、降低建设成本。

3. 提高绩效信息共享效率

针对预算绩效传统管理方式难以适应资金量较大、涉及部门较多、审批流程较复杂的专项资金监管，长兴县整合资源，推进流程再造，开发“长兴绩效”应用平台，以浙政钉系统为基础，建立健全预算绩效管理体系架构，部署绩效管理人员结构网状图，将事前绩效评估、目标管理、监控预警、绩效评价、结果应用反馈等信息同步推送至各个项目相关人员，打破以财务人员为主力传统模式，打通联动渠道，及时传递工作任务，缩短监督管理周期。并借助浙政钉平台，接入查询端口，实现预算单位历年绩效管理信息“随身查、随时查”，用大数据手段提高绩效信息共享效率。

三、现代财政制度建设的要求

分税制财政改革以来，随着财权的逐步上收和政府事权的不断扩大，一些地方的基层财政出现了困难。长兴县财政作为基层一级财政，分税制改革以来，尤其是党的十九大以来，按照加快建立现代财政制度的要求，立足地方实际，不断深化财政体制改革，不断健全财政管理制度，财政职能作用得到有效发挥，为地方经济社会发展提供了财力保障，确保了地方财政的健康、稳定、可持续发展。长兴财政的做法和经验是值得重视的，对加快建立地方现代财政制度是有借鉴意义的。

（一）建设现代财政制度要更加注重财政作用范畴的界限划分

财政的作用范围即财政的边界，主要是政府和市场关系的处理，这是地方政府理财的难题，也是地方理财难以处理好的问题。尽管公共财政的职能主要是为社会提供公共产品和公共服务，满足社会公共需要的，但由于社会主义初级阶段的基本国情决定了财政的重要性，在经济社会发展和日常生活的各个方面，都离不开财政，都有财政的影子。再多的财政收入也难以满足财政支出的需要，以致社会上有“公共财政是个筐，什么都可以往里装”的说法，这是目前财政定位和运行的真实写照。由于财政作用的边界不清，这也是财政困难的重要原因。党的十八届三中全会提出要发挥市场在资源配置中的决定性作用和政府的重要作用，并明确财政是国家治理的基础和重要支柱。给财政职能作了清理的界定，明确了财政的职能定位，这为财政边界的清晰明确了方向。财政不是万能的，有许多领域和方面，财政是不能作用和作用不到的，在社会资源配置上，要发挥市场的决定性作用，只有市场作用不了或作用不到或不愿意作用的领域财政才能主动介入，承担起政府的重要作用，财政不能与民争利，更不能越俎代庖，这是地方政府理财必须遵循的原则，也是避免财政过度作为的有效方法，把财政的有所为和有所不为结合起来，实现政府和市场的准确归位。

（二）建设现代财政制度要更加注重财源的培养

在生财、聚财、用财三者关系中，生财是基础，没有生财，也就没有聚财和用财，必须始终把生财放在政府理财的突出位置，可以说发展经济，培养财源，增加财政收入是政府的职责，也是经济社会事业发展的基础。随着我国经济发展进入新常态，即从高速增长进入中高速增长阶段，面临经济发展方式转变、经济结构调整、经济转型发展的压力，在这个发展过程中，财源的培养尤为重要。因此，加强财源培养既是经济发展的需要，也是政府政策作为的需要。一方面，要实施好积极的财政政策，减轻企业的税费负担，增强企业的活力和市场竞争力。目前我国企业的税费负担包括社会保险费的负担还是偏重的，减税降费是有空间的。政府应结合税制改革，把税负调低；对行政事业性收费要进行清理，取消或归并行政事业性收费。另一方面要落实好政府出台的支持经济发展，培养壮大财源的政策。近年来，政府为了支持企业发展，陆续出台了系列减税轻费政策，如全面实施了营改增试点、对小微企业减半征收所得税、取消部分行政事业性收费等，对这些轻税减费政策要落实好，让企业和市场主体能够充分享受政策，发挥好政策效应，增强企业的活力和竞争力。

（三）建设现代财政制度要更加注重预算的约束性

政府预算是人民代表大会通过的，具有法律效力。地方财政困难除了受经济影响外，很重要的一个方面是预算缺乏严肃性，没有严格按照财政预算的要求使用财政资金。一些地方财政预算执行好的年份，随意增加预算，甚至年终突击花钱，而不是为今后的预算留有余地；一些地方遇到财政预算执行情况不好的年份，也不是勒紧裤带、精打细算、过苦日子，而是继续使用资金，这些都是造成地方财政困难的原因。新预算法的实施为财政预算的严肃性提供了法律保障，也有利于缓解地方财政困难。一方面，地方财政要科学编制财政预算，财政预算要打破长期以来形成的“基数＋增长”的基数法编制预算，要按照因素法的要求编制预算，在预算盘子既定的情况下，该增加的要增加，该减少的要减少，要重点保障教育科技、医疗卫生、社会保障等民生事业发展的资金需要。另一方面，要严格执行财政预算，维护预算的严肃性。地方政府人民代表大会通过的预算严格执行，一般不得随意增加，即使遇到突发事件需要增加的也要通过地方人大的审批，使地方政府理财走向法治化的轨道。

（四）建设现代财政制度要更加注重财政资金的导向作用

财政收入来自国民经济的发展，一定时期的国民收入的“蛋糕”

是既定的，政府的财政收入是有限的，而经济社会发展对财政收入的需求是无限的，如何处理好有限和无限、需要和可能的矛盾，缓解财政的困境，地方政府理财要按照“四两拨千斤”理财方法，用财政资金的“四两”拨动社会资本的“千金”，用财政资金撬动社会资金来弥补财政资金的不足，花财政的“小钱”办经济社会事业发展的“大事”。因此，在财政资金的使用和投入中，要更加注重发挥财政资金的导向和经济杠杆作用。如政府支持公共项目建设推广政府和社会资本合作 PPP 模式。对一些预期有稳定收入来源，经济社会发展中必须发展的铁路、高速公路、地铁、机场、港口码头、城市污水处理等基础设施和基础建设，要更多运用社会资本，既可以解决基础设施和公共项目投资的资金需要，又能为社会资本寻找投资渠道，打破行业垄断，实现经济社会事业发展和社会资本投资收益的“双赢”。又如政府支持经济发展采用政府产业引导基金的形式支持。以往政府支持经济发展主要通过财政专项资金的形式，而政府产业引导基金是政府支持经济发展的新形式，政府产业基金不同于财政专项资金，主要采取有偿使用的方式，通过投资、入股、参股等方式，引导社会资本投资一些政府鼓励支持的电子信息、现代制造、旅游健康、金融保险等新兴产业发展，实现经济结构的调整，同时又确保政府产业基金的壮大。企业技改的财政贴息、允许企业加速折旧等鼓励企业发展财政政策都是发挥财政资金“四两拨千斤”的有效形式。如此等等，地方政府在财政资金的使用安排上要更多发挥财政资金的导向作用，引导社会资本为我所用。

（五）建设现代财政制度要更加注重财政风险的防范

财政风险是财政运行过程中客观存在的，是不以人的意志为转移的。财政没有发生风险不等于财政没有风险，只是没有发生或没有意识到。长期以来，政府对财政风险的重视程度是不够的，总认为“财政年年困难年年过”，对财政风险缺乏足够的认识和足够的重视，其实财政不是取之不尽、用之不竭的，财政是有风险的，财政的风险是有破坏性的。当前，我国政府财政尤其是地方政府财政最大的风险是债务风险。地方债务不仅规模大、分布广，而且增长快、还债高峰集中，尽管地方债务风险总体可控，但地区分布不均衡，有些地方债务率甚至超警戒线，给地方政府财政造成很大的压力，是地方政府财政风险隐患。对地方债务要严格按照预算法的要求进行管理，以规避财政风险。对地方存量债务要采取疏导结合的方式进行化解，发行置换债券的形式予以置换，这不仅能确保地方政府到期债务的偿还，更重要的是降低了债务成本，减少利息负担，减轻地方财政还债的压力；对地方新增的债务要按照“开前门、堵后门”的要求，根据地方政府的债务率区别对待，用好债务政策，并严控新增债务的规模。同时，要避免不规范的新债务产生。对地方政府的融资平台要进行清理，真正转为企业融资平台；对政府与社会资本合作的 PPP 项目要规范操作，避免假 PPP 项目或不符合 PPP 要求的项目的出现，以致 PPP 项目变成地方政府债务，增加地方财政风险。

（六）建设现代财政制度要更加注重财政资金的使用绩效

财政资金不同于银行信贷资金，无偿性是财政资金的基本特点。由于财政资金的无偿性，使得长期以来政府部门和单位对财政资金的使用缺乏效益的理念和观念，财政资金不用白不用，对财政资金的争取总是多多益善，这也造成了财政资金的浪费，使用效益不高的原因所在。财政资金使用的无偿性不等于财政资金的使用效益就可以不高，就可以不精打细算。如何避免财政资金的无偿性和财政资金使用效益不高的矛盾，重点是要加强对财政资金使用绩效的评价和财政资金使用的监督管理。因此，为了把财政资金用好，必须按照财政资金使用绩效管理的要求使用财政资金。在财政资金的使用前，要有绩效目标，即财政资金使用应该达到的效果；在财政资金的使用期间，要有绩效的跟踪，确保财政资金使用的规范；在财政资金的使用后要有绩效评价，对财政资金使用产生的效果进行评价，肯定财政资金使用的成绩，指出财政资金作用管理存在的问题，并提出整改举措。同时，要重视财政资金绩效评价结果的运用，作为今后安排财政资金的依据，对使用效果好的资金要给予支持，对使用效果不够好或存在问题的财政资金，要减少甚至取消资金的安排。只有注重财政资金的绩效管理，全过程的监督管理，才能更好地把财政资金用在刀刃上，实现少花钱、多办事、办成事。

四、加快建立现代财政制度的对策建议

财政是国家治理的基础和重要支柱，这是推进国家治理体系和治理能力现代化对财政的新定位。按照党的十九大提出的加快建立现代财政制度的要求和现代财政的功能定位，加快建设现代财政制度就是要按照国家赋予财政的功能定位，发挥好财政的职能作用，使财政改革和发展走向规范化、制度化、科学化、现代化。

（一）要加强财源建设，做大“财政蛋糕”，夯实现代财政制度的基础

财源是财政工作的基础，是政府实现职能的保障。加强财源建设，做大“财政蛋糕”，是构建现代财政体制的基础，无论财政如何发展，财源建设始终是财政的根本，财政发展不能放松，必须持之以恒常抓不懈。当然，财源建设必须要有针对性，才能实现财政发展的可持续性。

一是要从产业结构上抓好财源建设。财政收入来自经济的发展，主要来自第二、第三产业的发展，尤其是第二产业，可谓经济决定财政。因此，必须做好产业结构调整的文章，推进产业的转型升级，提高产业的附加值。一方面要大力发展数字经济，这是财源建设新的增长点，另一方面要加快传统产业的数字化改造，让传统产业发挥新的活力，这始终是财源建设的根本。二是要从税源结构抓财源建设。财源主要来自税收，分税制改革把税收分为中央税、地方税、中央和地方共享税，同时又把共享税作为财源的主体，这就要求地方在财源建设上地方财政要把抓共享税作为财源建设的重点，只有这样，地方财政收入才有可靠的保障。三是要加强非税的管理。地方的财政收入，除了税收外，还有大量的非税收入。和税收收入的不同，非税收入主要归地方财政所有，是地方可以直接使用的财力，地方财政有“吃饭靠税收，建设靠非税”之说，可见非税收入在地方财政的重要性。因此，地方财政一定要重视非税收入的管理，增加地方的可用财力。四是要用好财政政策。加强财源建设，需要经济的发展，而经济的发展离不开国家政策的支持，地方政府要用好财政政策推进财源建设。政策的重点是要公平，为经济社会发展创造公平的竞争环境，尤其是要让民营企业能够享受到公平的政策，实现公平竞争。同时，要落实好国家减税降费政策，给企业放水养鱼，让企业过上好日子，实现高质量发展，才能为政府创造更多的财源。

（二）要建立综合财政体系，协调四本预算的综合平衡，巩固现代财政制度的职能

预算改革建立起了政府财政的综合预算体系，把所有的政府资金都纳入预算管理，政府除了一般预算之外，还有政府基金预算、国有资本经营预算和社会保险预算，四本预算构成了政府的综合财力，因此，政府财政的作用范围不仅仅局限于一般预算，必须统筹政府的综合财力，

税收收入和非税收入要综合考虑，把分散的财力变为集中的财力，为实现集中财力办大事提供坚实的基础。一是做实一般预算。一般预算是政府财力的基础，也就是通常说的财政，主要由税收构成。对一般预算必须做实，要保持稳定的增长，主要建立在经济发展的基础上的增长，实现收入的可持续性，这是政府职能实现的保障，是保运转的财力来源。而不能人为地为了收入的实现而把大量的非税收入调入，人为调节收入，造成收入的假象，影响政府的决策。二是要加强基金预算的管理。如果说一般预算是保运转的话，地方政府的建设主要靠基金预算，重点来自土地出让金的收入。由于土地出让金是基金预算的主要来源，又是不固定性的收入来源，受土地的供给和房地产市场的影响大，更何况土地的稀缺性和不可持续性。地方政府对基金收入必须要有清醒的认识，在提取国家规定的教育基金、农田水利建设基金等必要的支出外，管好用好政府的基金预算。三是要重视国有资本经营预算。国有资本主要集中在中央和省级财政，县市财政国有资本经营预算的收入不多，但县市财政也要重视国有资本经营预算，把国有资本经营预算建立起来，把国家以所有者身份取得的收入集中起来，用于支持经济社会发展，更何况随着国有经济的发展和地方融资平台的转型，国有资本经营预算的收入会逐步增加，在地方财政预算体系中的作用会逐步增强。四是拓宽社会保险预算的收入来源。由于人口的老龄化和城市化，以及社会的历史欠账，有些地方当年社保收入出现收不低支将是必然的趋势，地方政府必须要有充分的思想准备。广开收入来源，拓宽收入渠道，千方百计增加社保收入，以应对社保风险是社会保险预算重要任务，必须持之以恒抓好抓出实效。五是要做好政府财力的综合平衡。政府的四本预算构成了综合预算体系，也构成了政府的综合财力，是政府职能实现的基础和资金保障。但这四本预算不是孤立的，而是紧密联系的，一般预算是基础，和政府性基金预算、国有资本经营预算、社会保险预算相连，必须统筹好政府的财力，四本预算统筹安排，实现综合平衡，满足政府职能实现需要。

（三）要优化财政支出结构，保障共同富裕目标实现，突出现代财政制度的导向

财政支出反映的是政府职能的大小和职责范围，自党的十六大以来，随着统筹城乡经济社会发展实施，我国财政向民生转型，民生支出成为财政重点，真正体现公共财政为社会提供公共产品和公共服务、满足社会公共需要的职能要求。按照两个一百年奋斗目标和浙江省高质量建设共同富裕示范区的要求，我国全面建成小康社会和精准脱贫攻坚的胜利以后，朝社会主义现代化建设和共同富裕新时期的迈进，政府的职能有了新的调整和要求，财政支出要全面为共同富裕建设提供保障，现代财政体制要突出财政的政策导向。一是财政支出要向农村倾斜。共同富裕是富裕基础上的共享，要实现共同富裕核心是要提高低收入人群的收入水平，以缩小收入差距。可见共同富裕的重点和难点是农村，关键是要增加农民的收入。实现共同富裕对财政来说，就是要增加财政的支农支出，改善农村的基础设施和生活环境，提高农民的领导技能，增加农民的创业收入。二是财政支出要保障提低扩中的实现。提低扩中是实现共同富裕的需要，这就要求财政要更加重视低收入人群和弱势群体，财政支出上要增长社会保障的支出，要逐步提高社会保障的水平和标准，以缩小居民之间的收入差距。三是财政要提供更多的公共服务。公共服务是共同富裕的基本要求，实现共同富裕财政要增加对公共服务的支持，不断改善和提高公共服务的供给，让城乡居民享受公共服务的便利。四是财政支出要体现普惠性。共同富裕的核心是共享，财政支出的安排和政策的出台，要体现普惠性，惠及更多的人群，多做到“雪中送炭”，少做“锦上添花”，使财政政策符合大众需求，财政支出民生化，推动共同富裕的实现。

（四）要理顺政府间的财政关系，增强地方财政提供公共服务的能力，保障现代财政制度的职责

地方政府职能的行事必须要有相应的财力保障，一级政府、一级事权、一级财权，这是政府实现职能的基础。分税制财政体制改革以来，我国政府的财政实力和财政能力有了很大的提高，财政收入占 GDP 的比重有了很大的提高，确保了财政尤其是中央财政职能的实现。但是，在“财政蛋糕”既定的前提下，中央财政集中多了，留给地方的相应会减少，基层财政困难是客观存在的。构建现代财政制度，必须要兼顾各级政府财政的需要，确保各级政府职能的实现。一是财力要适当下沉。分税制改革以来，财力的上移和层层集中，基层财政困难是事实，而基层财政又是公共服务的重要承担者，财权和支出责任的不匹配影响了基层财政职能的发挥，更何况基层财政不同于上级财政，解决困难的手段和途径少，对上级财政的依赖性强。因此，在地方现代财政制度构建过程中，必须要重视县乡财政的困难，把更多的财力留给基层财政，以确保基层财政的平稳运行。二是转移支付要向加快发展地区倾斜。上下级政府财力的均衡主要靠转移支付的实现，财政转移支付必须更多考虑地区之间的财力差异，实现公平优先，在公平优先的前提下提高效率。尽管浙江省已全面脱贫并消灭了欠发达县，但仍然存在 26 个加快发展县，对这些地区经济社会的发展和基本公共服务均等化的实现，省财政要给予更多的支持，重点的保障，以实现区域的均衡发展。三是要适当均衡非税收入。通过财政转移支付的实现，地区之间的财力差异、人均支出水平不大，有些年份甚至发达地区财政的人均支出水平还低于加快发展县财政的人均支出水平，但地区之间的差异依然很大，一个重要原因是非税收入的差异，非税收入主要归县市支配，上级财政很少或几乎不集中，这是发达地区和加快发展地区财力差异的主要原因。因

此，财政转移支付要看综合财力，对非税收入也要进行相应的调节，以缩小地区财力差异。

（五）要建立使用强化和风险防范并举的债务管理机制，发挥地方政府债务的作用，扩大现代财政制度的功能

新《预算法》明确地方政府可以负债，但要规范负债。在新《预算法》实施之前，地方政府债务管理比较混乱，地方政府的债务率高，财政风险大，防风险成为债务管理的重要方面，以致一些地方政府片面认为，债务管理就是防风险，这是对债务管理理解的不全面或者说是误解。其实，政府的债务和税收一样是政府财政收入的组成部分，无非债务是要偿还的，是对未来税收的预征，这是债务和税收的主要区别，债务管理必须把防风险和规范负债有机结合起来。一是要重视债务的风险防范。目前我国地方政府的债务采取限额管理和余额管理，衡量地方政府债务风险主要是债务率，一般以100%作为风险的标志，债务率超过100%了，属于高风险地区，对这些地区必须严格限制债务规模，把风险降下来，以确保债务的可持续性。二是要用好债务的政策。既然新《预算法》明确地方政府可以负债，地方政府就要用好国家赋予的政策工具，因为我国发行的地方政府债务期限长，一般都在3年以上，甚至是10年以上，且利息低，一般年利率在3.5%—4%，资金的成本低，是地方政府最佳的融资方式和融资途径。在债务风险可控的前提下，地方政府必须要用好债务的政策工具，对一些有预期收益来源的投资项目，要积极争取利用债务，以推动地方经济跨越式发展。三是要规范负债。新的《预算法》规定地方政府可以负债，前提是规范负债，即通过发行债券的形式负债，且是唯一形式，其他负债都是不允许的，或者说是违规的，都需要承担相应的风险。因此，地方债务必须控制好隐性债务，对已有的隐性债务要按要求给予消化，新的不允许产生。地方政

府的负债必须规范，必须通过发行债券来负债，从而使债务管理规范化。四是要科学负债。何为科学负责，一般认为就是按照金融的思维，控制好债务的成本，提高债务的使用效益。在债务的发行上，尽量选择利率低的时候发行债务，控制好成本。同时要根据需要来负债，避免债务资金的库存积压，即要项目等资金，而不是资金等项目。

(六) 要健全财政预算绩效管理制度，提高财政资金使用效益，强化现代财政制度的理念

财政资金不同于金融资本，财政资金的使用是无偿的，但无偿不等于不讲效益，财政资金和金融资本一样，都是要讲绩效，把钱用好、用在刀刃上。财政资金的预算绩效管理，从中央到地方，各级政府都非常重视，2018 年 9 月，中共中央、国务院出台了《关于加强预算绩效管理的实施意见》，2018 年底，浙江省委、省政府也出台了《关于加强预算绩效管理的实施意见》，各县市也出台了相应的政策举措。以党中央、国务院和省委、省政府的层面出台《关于加强预算绩效管理的实施意见》，充分体现了国家对预算绩效管理的重视。政策有了，关键是要落实，以加快建立全过程、全方面、全覆盖的预算绩效管理体系，并取得实效，这是预算绩效管理的基本要求。一是要落实预算绩效管理的责任。预算绩效管理是对财政资金的要求，预算绩效管理不仅仅是财政的职责，更是使用财政资金的部门和单位职责，部门和单位都是预算绩效管理的责任主体，而财政更多是预算绩效管理的组织者，抓预算绩效管理主要靠部门和单位，仅靠财政部门的能力是难以为继的，必须调动部门和单位的积极性，这是用好财政资金，维护财经纪律的需要，必须要有高标准、严要求。不是财政要部门和单位抓，而是部门和单位必须抓，这是责任。只有预算绩效管理成为部门和单位的自觉行为，变“要我绩效”为“我要绩效”，预算绩效管理才能取得实效。二是要推

进工作的突破。预算绩效管理涉及财政资金运行的全过程、涉及政府财政资金的全方位、涉及政府政策的全覆盖，预算绩效管理的任务重、要求高、难度大，抓预算绩效管理必须要有的放矢，有所为而有所不为，即要抓重点和难点，把面上的推开和主抓的重点结合起来，实现以点带面，达到重点突破、全面推进的要求。三是要密切预算绩效和预算编制的融合。预算绩效是预算管理的需要，绩效不是为绩效而绩效，否则绩效就没有实施的意义和存在的目的所在，绩效的根本是为预算编制服务的，因此，预算绩效管理必须和预算融为一体。预算要有依据和标准，这是绩效管理开展的前提；绩效的结果又要为预算服务，使政府的预算更加精准，这样预算绩效管理才能发挥作用。

第二章

地方财源建设的探索

财源建设是地方政府正常运行的保障，也是地方政府贯彻落实各项中央政策文件，促进地方经济发展、发展地方社会事业，增进地方居民福利的物质基础。始于1994年的分税制改革及其后续的营改增税制改革给地方财政发挥其经济社会职能带来了巨大的财政压力，同时，也为地方财政实施结构性调整，实现地方经济高质量发展和转型提供了内在动力。长兴县政府聚焦提升传统制造业的转型升级、改造农业产业结构、大力发展旅游业等新兴产业，不仅实现了财政收入的稳步提高，还保护了环境，生态效益也得到提升，在高质量税源建设中起到了引导性的作用，在促进地方经济发展的同时扩大了财源规模。长兴县通过实现经济转型发展，摆脱了原来的经济低质量循环，培育了高质量财源，经济社会发展走上了良性发展轨道。

一、财源建设的重要性与迫切性

地方财政是地方政府管理地方事务的财力来源，政府对内、对外任何活动都需要财政资金的支持和保障。地方财政相比中央财政在调节地区经济时更具有信息优势，因此财政的大部分事权都集中于地方财政，财政分权制也体现了地方财政在管理地方事务中的重要作用。地方财源建设关乎地方财政的现实需要与长远发展，其本质是增强地方财政实力和促进地方经济可持续发展。地方财源建设是增强地方政府财力的基础，只有财源充裕、财力充足，政府运行才有保障，政策实施才能稳定落地，地方公共财政职能才能健全。自2016年经济下行压力变大以来，政府一方面强调要加大财政扶持力度，另一方面要实行减税降费的政策，这导致财政压力进一步加大。加强地方财源建设，有助于缓解这种压力，防范地方政府债务风险，有利于打好防范化解重大风险的攻坚战。

当前，减税降费是我国政府实施积极财政政策的重要政策工具，据统计，2016—2020年新增的减税降费累计达7.6万亿元左右，特别是2019年实施更大规模减税降费，全年新增减税降费达到2.36万亿元，占GDP的比重超过2%，拉动全年GDP增长约0.8个百分点。2019年全国两会上的政府工作报告指出，要实施更大规模减税，普惠性减税与结构性减税并举，重点降低制造业和小微企业税收负担；深化增值税改革，确保主要行业税负明显降低，确保所有行业税负只减不增，这为促进经济稳健增长提供了动力，但税收收入作为地方财政收入的主要来源，减税降费政策也会给地方财政收入造成收不抵支的压力，若保持地方财政支出不变，减税降费政策很有可能会引起地方债风险等财政收支失衡的问题，在这种情况下，加速形成地方政府的高质量税源显得尤为迫切。

财源作为地方政府财政收入的源泉，是保证各级地方政府实现政府职能的经济基础。改革开放 40 多年来，财税理论界伴随着以市场为导向的建设道路，从未间断过对财源建设、财源结构改革的探索。我国的财政收入包括了税收收入与非税收入，目前税收收入已成为主要收入。但一方面伴随着减税降费政策的不断推进，地方税源规模能够带来的地方税收入增速明显减缓；另一方面，从地方税源质量的角度看，近年来，各级地方财政也不同程度地出现财政收入质量下滑的问题，其中的主要表现就是税收收入质量的下滑。因此，各级地方政府需要通过自身的财政政策不断地调整完善经济结构，以保证提升地方的税源质量，促进当地的高质量税源建设，最终实现地方财政收入持续而又稳定的增长。

然而，受地方产业发展差异、资源综合利用差异和人才结构差异的影响，我国区域间税源结构的来源也形成了一定的差异性，并且区域经济发展与地方产业结构的差异加剧了特定地方的财政困境。经济通过影响地方产业结构而直接地影响到地方税源结构，近年来全国大多数省市财源构成中贡献较大的是第二产业，随着第三产业的兴起和增加值的提升，第三产业潜在财源的关注度在不断地上升，产业结构差异化对财源结构的影响越来越大、相关性越来越明显，主要表现在产业结构调整与税源结构优化呈正相关关系；第三产业经济增长对税收收入增长有拉动作用，对地方税收规模的增长具有促进作用；产业发展对地方税源的影响逐年呈现出第三产业大于第二产业，第二产业大于第一产业的梯度变化特征。

由此可见，经济决定税收，税收决定财政。若经济结构与财源结构协调，就会助推经济增长和财政收入增长的良性发展，因此，为实现我国地方财源结构的深度优化，地方政府需应用财政引导市场发展，促进地方经济发展，促进产业结构优化，稳定农业财源，巩固并壮大第二产业财源，创新发展第三产业财源。通过大力支持、引导民营经济发展，加快培植地方新增财源。当然，地方政府也需要维护地方税系运行，培育和完善地方主体税种，地方主体税种的确定要适应当地的特色，同时可利用“互联网 + 税务”等手段，加快税收征收管理现代化建设，实现精准的税收征收管理与监督。

二、高质量财源建设实践与现状

（一）培育高质量税源的实践举措

长兴县作为全国县域经济百强县和全国营商环境百强县，旅游百强县、工业百强县，长兴的县域经济发展模式，在县域经济发展中有较好的引领示范作用。

1. 财政助力传统制造业转型升级，培育支柱财源

长兴县坚持企业主体与政府引导相结合，引导和支持企业投身传统制造业改造提升。长兴县发挥政府在发展环境营造、发展平台建设方面的支持、引导、保障作用，重点推进非金属矿物制造、纺织、蓄电池三大行业的改造提升。在化解传统制造业过剩产能的同时，积极推进产品创新、技术创新、加大品牌效应、智能制造和绿色发展。

非金属矿物制品制造业包括水泥、粉体材料和耐火材料三个有代表性的领域。长兴县于2011年9月全面开展粉体产业专项整治工作，通过“无条件关闭、有补偿的关闭、有条件的保留和有优惠的转产”等方式促进粉体产业转型升级，目前已累计兑现补偿金额达1.5亿元。同

时，长兴县政府投资规划土地用于新办工业园区，通过重组企业，提高入园标准来倒逼企业改善技术设备、淘汰落后产能、实现“机器换人”。长兴县于2014年5月启动耐火产业转型升级工作，在给予和其他行业类似政策的基础上解决企业5800万元的融资需求，营造良好的工作氛围。由于耐火产业属于能耗高、污染重的产业，县政府重点推进煤改气计划，严格落实清洁生产。长兴县于2017年起全面启动水泥行业战略布局调整，减量置换新建两大产业基地，同时新建一条综合物流传送带及配套码头，实现有业务关联的两大产业园区之间的物料运输。

非织造布制造业作为县域特色产业之一，长兴县在2015年5月开启该产业转型升级工作。县政府加强企业培训，邀请行业专家对10家示范企业现场问诊，编制“一企一策”，鼓励这些企业完成现代化技改项目，淘汰落后产能，总工业性投入达7.5亿元。帮助企业延伸产品链，设定环境标准规范企业发展。举办产学研专场对接会10项，提高企业的创新水平。引导企业加强与县外企业的合作，与县内企业分工协作，避免同类竞争，降低低水平的产能，形成规模化、专业化生产。

蓄电池产业是长兴县的支柱性产业，传统的蓄电池产业主要是铅酸蓄电池，铅酸蓄电池在带来经济效益的同时带来了巨大的环境危害，县政府于2011年着力对该产业专项整治，生产企业从175家整治到18家，鼓励从事铅酸蓄电池产业的企业停产、转产生产锂电池、燃料电池等新能源电池。政府一方面对转产关闭及转产非铅酸蓄电池的企业提供所得税、增值税等优惠，帮助关闭的企业处理存货、延长贷款收款时间、简化转产审批程序、积极做好关闭企业职工的就业安置工作；另一方面对转产从事非铅酸蓄电池行业的企业给予税收优惠、固定资产投资奖励。

2. 财政围绕农业产业结构调整，培育基础财源

长兴县扎实有序地推进现代生态循环农业发展，生态循环农业“遍地开花”。一批“稻鳖共生”“稻鱼共生”“农牧对接”等新型、生

态、高效的种养模式得到推广，还总结出30余种农作物秸秆综合利用模式，秸秆综合利用率达95.8%。长兴县依托地方葡萄、芦笋、蔬菜、花卉苗木、湖羊、蜂业、精品水果、特种水产等13个特色产业，为农户免费提供2—5亩的种养殖面积；由农合联为农户提供生产技术、定期开展产业发展辅导培训；充分利用县农合联会员销售资源，为农产品组织各类帮销活动，累计帮销农产品1860万元；为农户提供低利率贷款，实施农业类针对性险种。财政在调整农业产业结构的同时，加快农业信息化建设，2019年财政用于农业农村信息化建设的财政支出达到18765万元。利用无人机等技术实现农业生产环境智能感知和预警，同时提升农业机械化水平，人力成本降低50%。

3. 财政围绕旅游业等新兴产业，培育后劲财源

多年来的生态转型取得巨大成就，长兴县获得联合国环境规划署和国际公园协会授予的“国际花园城市”称号和“环境可持续发展奖”第一名。长兴县开始发展旅游经济，在培育生态优势的同时，想方设法把生态优势转化为发展优势。以投资200多亿元的太湖龙之梦项目为统领，充分依托长兴美丽的生态环境，全力推进全域旅游示范县建设，使绿水青山变成了金山银山。

（二）高质量财源建设现状

1. 长兴县财政收支现状

从长兴财政税收现状看，近年来，随着长兴县传统产业的发展水平得到了全面的提升，长兴县的经济得到了快速的发展，长兴县的税收收入也实现了大幅度的提升，长兴县的财政税收收入从2005年的84844万元跃升至2021年的735700万元，增幅高达767%。可以从图2－1观察到，长兴县的税收收入总量在2005—2021年实现了连续17年的增长，但是税收的增长速度波动较大，自2005年以来，全县税收收入增

长主要呈现3次较为明显的先上行后下行的趋势。

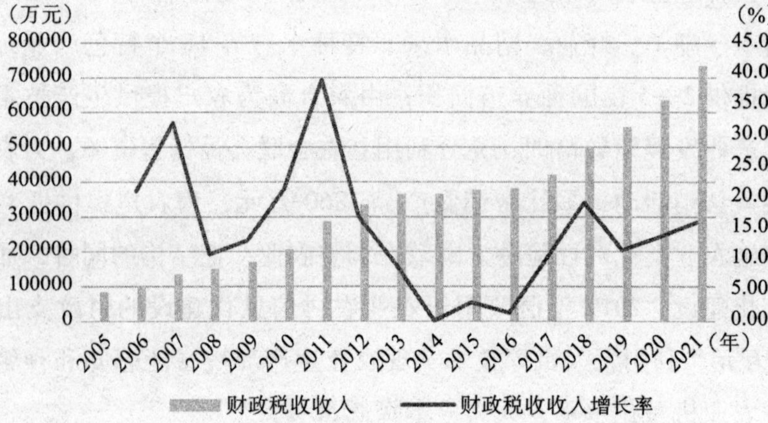

图2－1　长兴县2005—2021年财政税收情况

从图2－2我们可以观察到长兴县的地方财政收入增长速度和财政税收收入增长保持了相似的变化趋势。这说明，长兴县的税收是长兴县地方政府财政收入的主要来源，并在很大程度上决定了地方财政收入。这也从侧面说明，地方政府可以通过改善地方税源来优化地方的财政收入。

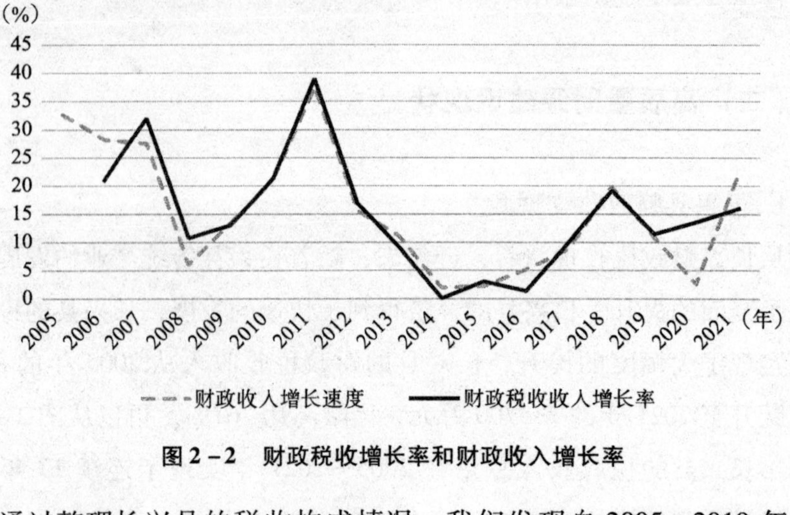

图2－2　财政税收增长率和财政收入增长率

通过整理长兴县的税收构成情况，我们发现自2005—2019年，第一产业所缴纳的税收总额的波动幅度较大，而第二产业和第三产业所创造的税收额度在过去的 15 年整体上都呈现上升的趋势。第二产业创造的税收额度从 2005 年的 141524 万元上升至 2019 年的 580123 万元；第三产业创造的税收额度从 2005 年的 56872 万元上升至 2019 年的 481870 万元（如表 2－1 所示）。从图 2－3 中我们可以观察到第一产业对税收的贡献率常年在 0 附近波动，而第二产业和第三产业对税收的贡献率呈现出相反的变动趋势，并且两者均在 2011 年和 2016 年出现了比较大的波动。粉体产业作为长兴县四大传统产业之一，为推动传统产业的转型升级，长兴县政府于 2011 年 9 月全面开展粉体产业专项整治工作，长兴县政府通过重组提升、设备提档、转型升级，彻底改变了粉体行业“低、小、散、无序竞争”的企业现状，重组后的 13 家粉体企业，产品档次有了明显提升，由原来生产粗放型的 200—400 目的低档产品提高为 600 目以上的中高档产品，市场竞争力大大提高，增加值由 5100 万元提高到 2.3 亿元，提高了 350%，利润提高 190.4%，税收提高 149%，粉体企业在全国粉体市场的竞争力、影响力和话语权都大大增强。这个过程体现在图 2－3 中就是第二产业的税收贡献率在 2011 年出现短暂的下降后又实现了回升，这说明传统产业的转型升级可能会在短期内无法提升产业的规模，但是会在长期中实现产业规模的扩大和税收贡献率的提升。同理第二产业对税收的贡献率在 2014 年前后也出现了小幅度的下降，主要是由于长兴县在 2014 年和 2015 年分别对耐火产业和非织布产业进行了转型的升级，通过淘汰落后企业和规范提升合格优质企业实现了耐火产业和非织布产业的换挡升级，最终扭转第二产业的发展规模与发展质量，并在财政税收中得以体现。

表 2－1　三大产业交税规模

年份	税收总计（万元）	第一产业（万元）	第二产业（万元）	第三产业（万元）
2006	198404	8	141524	56872
2007	253643	0	172276	81367

续表

年份	税收总计（万元）	第一产业（万元）	第二产业（万元）	第三产业（万元）
2008	284423	128	192163	92132
2009	311369	76	214067	97226
2010	368790	387	252843	115560
2011	500436	1080	332203	167153
2012	601479	1451	347708	252320
2013	655755	1329	384982	269444
2014	689586	1522	426582	261482
2015	713839	1129	447985	264725
2016	744736	4318	390141	350277
2017	832953	1905	447940	383108
2018	960366	1410	568132	390824
2019	1062866	873	580123	481870

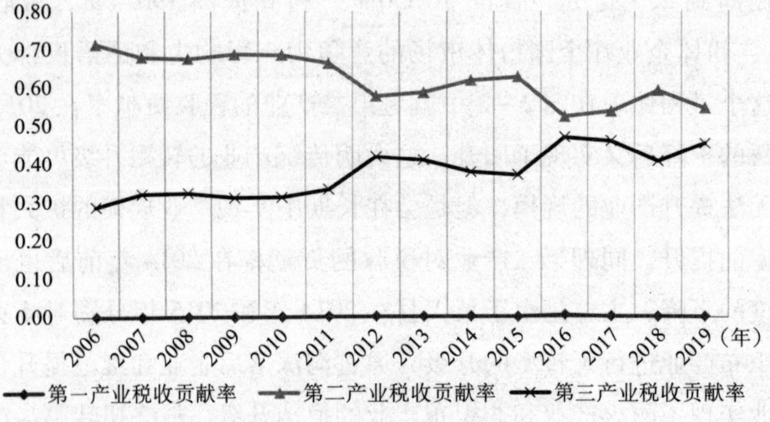

图 2－3　三大产业贡献率

从长兴财政支出现状看，在 2005 年至 2021 年间，长兴县政府的财政支出实现了持续性的增长，财政支出总额从 2005 年的 9. 57 亿元上升至 2018 年的 71. 58 亿元，实现了 648% 的增长。从图 2－4 中我们可以观察到，长兴县在 2005 年至 2021 年间仅在 2016 年为负增长，在其余的年份均实现了正增长，并且财政支出增长在 2011 年、2014 年和 2015 年出现了较大幅度的波动，主要是由于在这几年分别对长兴县的传统产业——粉体产业、耐火产业以及非织布产业进行了专项的整治工作。为推动传统产业的转型升级，长兴县政府主要依赖财政工具，通过财政补贴、财政奖励以及招商引资等政策实现粉体产业、耐火产业和非织布产业的转型升级。这说明，在推动市场经济健康可持续的过程中，政府可以通过相关的财政工具对产业发展的方向进行引导以及对产业结构进行相关的调整。

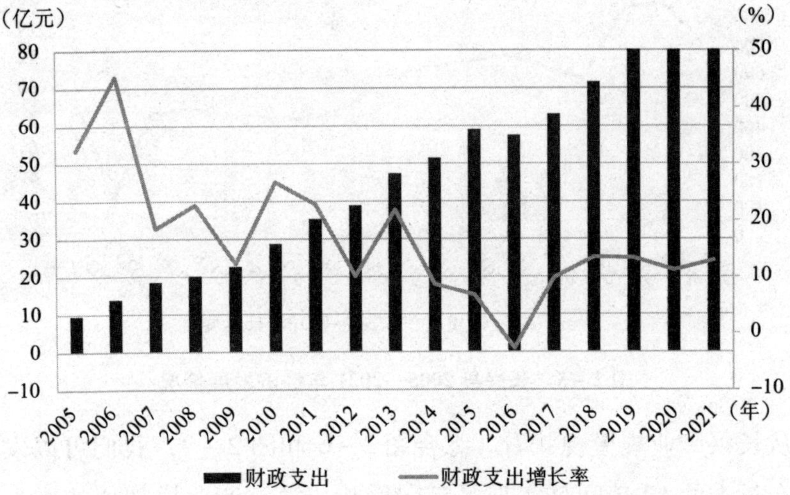

图 2－4　长兴县 2005—2021 年财政支出情况

2. 长兴县产业结构优化现状

从长兴县经济发展现状看。近年来，长兴县充分发挥企业主体在工业强县建设和经济转型升级中的支撑、引领和示范作用。通过实施一系列行之有效的企业培优育强计划，县域经济得到了持续平稳发展。

图 2－5 是根据湖州市统计年鉴整理得出，长兴县在 2005—2021 年 GDP 实现了 17 年的正增长，增长速度在 2010 年前波动幅度较大，但是 2010 年之后增长率平缓下降。长兴县 GDP 从 2005 年的 134.01 亿元上升至 2021 年的 801.39 亿元，实现了 498% 的增长。2008 年的全球性金

融危机也影响到了长兴县的经济增长，GDP 增长率在 2008 年出现了大幅度的下降，GDP 增长率在 2009 年便实现了回升，在 2010 年之后出现了平缓的下降，直至 2015 之后年长兴县 GDP 增长速度便保持在 8%。相比于 2010 年前的 GDP 增长率，2015 年之后的 GDP 增长率预示着长兴县经济得到了持续而稳定的增长，这主要得益于长兴县政府对当地传统的支柱性产业进行专项整治工作，降低了传统产业发展的不确定性，从而促进整体经济持续而稳定的增长。

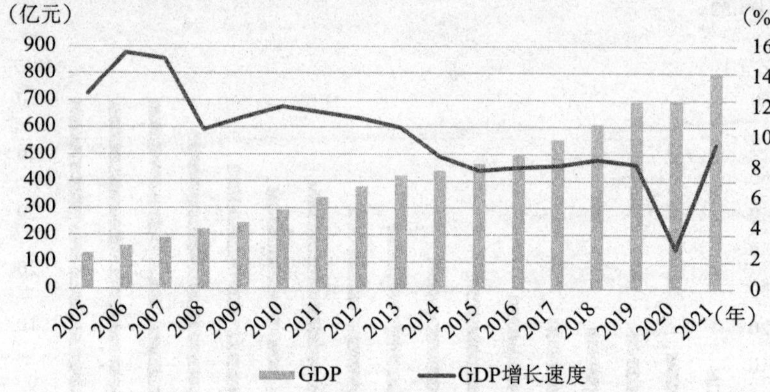

图 2-5　长兴县 2005—2021 年经济发展情况

从长兴产业规模现状看。综合图 2-6 和图 2-7，我们可以发现长兴县在过去的 17 年间都实现了正向增长。第一产业增加值的增长速度常年保持在 5% 左右，而第一产业增加值和第二产业增加值的增长速度则出现了比较大的波动，第一产业增加值增长速度和第二产业增加值增长速度在 2008 年以前保持相同的变动趋势，但在 2005 年之后两者呈现出了相反的变动趋势。传统产业一直以来都是长兴工业经济发展壮大的“压舱石”。近年来，全县上下围绕工业创强，以提质增效为目标，加快推动产业结构调整与新旧动能转化，全面提升传统产业发展水平，走出了一条具有长兴特色的高质量发展之路。但是在对传统产业实施专项整治工作时，长兴县的第二产业的发展也经历了短暂的阵痛期，在图 2-7 中体现出来的便是在 2011 年、2014 年和 2015 年第二产业的增加值的增长速度出现了明显的下降，但在传统产业完成转型升级之后，第二产业对经济发展所起的拉动作用便体现出来了，在图 2－7 中就是第二产业增加值增长速度在 2017 年之后实现了回升。这说明，对传统产业进行规范整治与改造，在短期内会减缓经济的增长速度，但是在长期来看，只有将不符合经济可持续发展的产业进行整治，整体经济才能实现健康和高质量的发展。

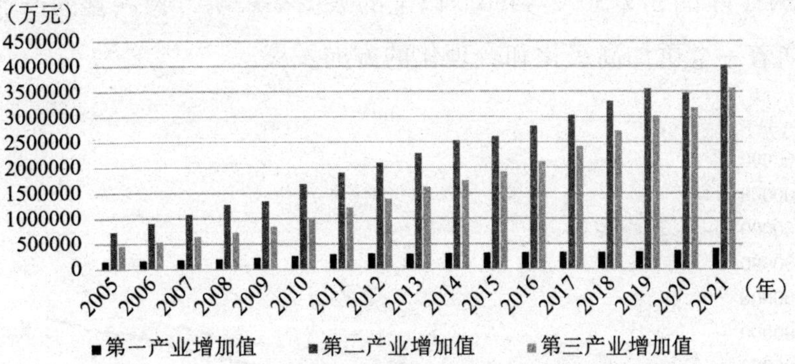

图 2－6　长兴县 2005—2021 年三次产业增加值情况

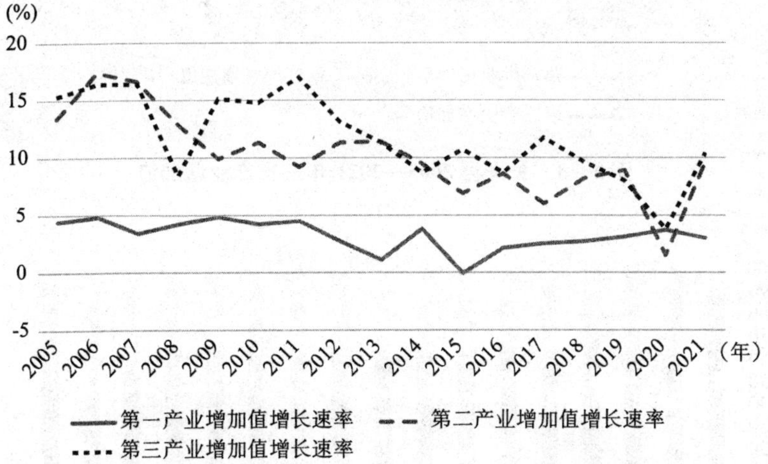

图 2－7　长兴县 2005—2021 年三次产业增长速率

从长兴县产业构成现状看，综合图 2－8 和图 2－9，第一产业增加值保持稳定，农业现代化发展水平综合评级在 2020 年上升至全省第五；

第二产业和第三产业增加值出现了逐年攀升的情况，其中战略性新兴产业、高新技术产业增加值占比分别较 2015 年提高 8.2 个、18.2 个百分点，规模以上工业企业数增长 25%，上市企业、国家高新技术企业数分别是 2015 年的 2.5 倍、2.9 倍，获评省振兴实体经济试点县、省制造业高质量发展示范县；第三产业中的旅游总收入增长 180%，物流、金融、电商等服务业繁荣发展。三次产业占比由 2015 年的 6.6:54:39.4 调整到 2021 年的 5.2:50.2:44.6。以上的数据都表明，长兴县的产业结构正在向着一个更加高级化和合理化的方向发展。

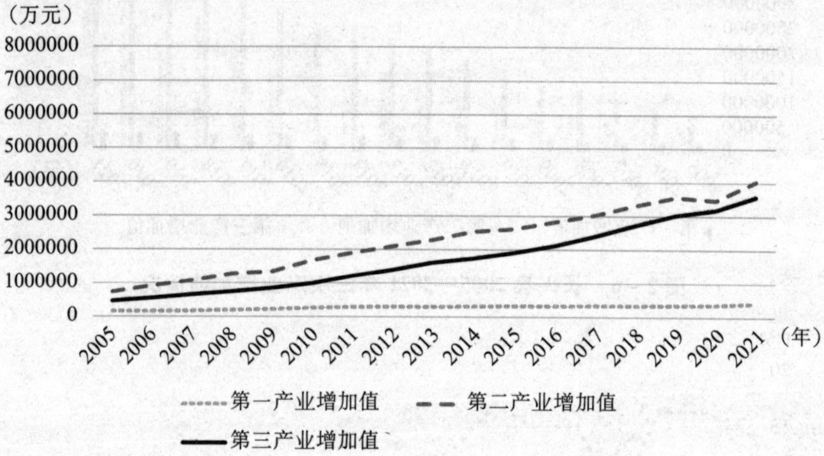

图 2-8 长兴县 2005—2021 年三次产业增加值

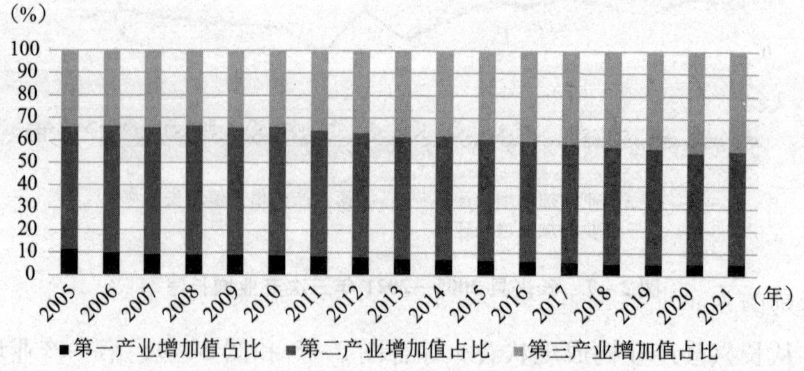

图 2-9 长兴县三次产业占比情况

三、高质量财源建设财政政策的实践

（一）建立鼓励企业做优做强的财政奖励政策

财政奖励是国家财政通过对分配的干预，调节国民经济和社会生活的一种手段，目的是支持生产发展，调节供求关系，稳定市场物价，维护生产经营者或消费者的利益。财政奖励政策适当运用有益于协调政治、经济和社会中出现的利益矛盾，起到稳定物价、保护生产经营者和消费者的利益、维护社会安定，促进商品经济发展的积极作用。

从长兴县的实际情况来看，针对粉体产业，县政府在 2011 年 9 月对粉体产业展开了全面的专项整治工作，长兴县政府通过政策引导、服务保障，和谐合理抓粉体行业转型升级。出台《石粉厂专项整治实施方案》等政策，加大对关闭企业设备、厂房土地的补偿力度，并对在规定时间内关闭的石粉企业，以及重组项目，给予财政、设备投资奖励，已累计兑现补偿资金 1.5 亿元。

针对长兴县耐火产业企业规模小，产品档次低，行业整体竞争力弱的现状与不足，为推动耐火产业健康持续发展，在 2014 年 5 月长兴县启动了耐火产业三年转型升级工作。为保障耐火产业转型升级所需的要素，长兴县政府先后出台了一系列的政策来保障要素供给，在人、财、物等各方面予以全力支持，有力助推了耐火产业转型升级。其中就有《鼓励耐火企业转型升级政策意见》，为促进鼓励耐火产业做大做强，对当年应税销售收入首次突破 1 亿元、2 亿元、3 亿元、4 亿元、5 亿元以上的生产型企业，一次性奖励企业法定代表人 10 万元、20 万元、30

万元、50万元、100万元；对兼并重组的耐火企业，3年内土地税、房产税县得部分全额奖励、3年内入库税收（增值税和企业所得税），超上年度基数部分的县得部分给予全额奖励；当年完成生产性设备投入100万元以上，或单台设备引进（技术改造购置设备）投入在20万元以上的，按设备投资额6%给予补助；对淘汰落后产能的企业淘汰生产设备原价（以原始发票为准）的10%奖励；对无法提供发票的企业，给予该企业淘汰生产设备净值的25%奖励，单个企业最高奖励不超过100万元。

长兴县政府为加快铅酸蓄电池行业专项整治，促进企业健康平稳过渡，加快产业转型升级步伐，长兴县政府通过出台相应的财政政策对相关企业进行奖励。长兴县政府会对在规定时间内转产转行铅酸蓄电池企业，进行转产转行奖励，停产关闭企业原业主持股在50%以上的企业，可以享受财政、设备投资和规费奖励。除此之外，长兴县政府也会对在规定时间内进行停产关闭的铅酸蓄电池企业进行奖励。

（二）建立鼓励科技创新和人才引育的财政补贴政策

财政补贴是国家财政为了实现特定的政治经济和社会发展目标而向个人提供的一种补偿，主要是在一定时期内对生产或者经营某些销售价格低于成本的企业或者因提高销售价格而向企业和消费者提供经济补偿。中国特色社会主义进入了新时代，经济已经由高速增长阶段转向高质量发展阶段。为推动我国经济高质量发展，单靠市场的力量是不足以支撑经济发展的转型升级，也须政府给予必要的财政扶持。这其中，财政补贴是最为直接的工具。近年来，为了扶持地方弱势产业和促进地方高新技术产业的发展，财政补贴成为已逐渐成为地方政府常见的政策工具。

长兴县也不例外，针对农业，2018年以来，长兴县政府以“小康路上、不落一人”为工作底线，围绕低收入农户增收脱贫这一重点，依托十大特色产业，发动百家以上农合联会员单位，结对帮扶千户以上低收入农户，实现户人均年收入持续增收万元以上。在实现低收入农户增收脱贫的过程中，长兴县政府通过打通政策保障新通道，切实发挥《社户对接助农增收17条政策意见》的推动作用，用实用好1000万元扶持资金，突出生产设施、土地流转、基地建设等，对自主发展的农户和帮扶主体实施补助。这一举措不仅实现了长兴县的脱贫目标，也带动长兴县农业产业的科技创新，实现农业企业做优、做强的目标。长兴县形成了以商品蔬菜、优质茶叶、名优水果、特种水产、精品湖羊、花卉苗木、高效竹林等为主导的优势产业格局，全县现代农业总面积超120万亩。

长兴县政府的财政补贴政策不仅围绕着低收入农户增收脱贫上，其也为破解技能人才培养难题提供了一个新的视角。长兴县利用财政补贴等财政工具，加大投入对人才的购房、安家等补贴，这一举措不仅做到了吸引人才，更做到了留住人才的效果，为长兴县企业创新保证了充足的人才后备。

（三）建立推动企业开拓市场的招商引资政策

一般而言，招商引资指的是地方政府或者是政府在地方开发区的部门提供本地区具有诱惑力、吸引力的条件来吸收投资者在本地进行投资的活动。近年来，我国经济增长率呈下行趋势，传统要素驱动经济增长模式难以持续，经济发展进入新常态。招商引资作为地方政府引导经济发展的重要手段，对企业新兴市场的开拓也具有至关重要的作用。自改革开放以来，我国招商引资逐渐发展，各地区的政府都积极打造地区优势来吸引外来投资，取得了极大的成效。招商引资项目的开展，一方面有利于弥补地区发展资金不足、技术水平较低的问题，改善生产力的发展状况，流动资金的增长；另一方面，也为地区带来先进的管理经验与重要的设备，提升了技能，也提高了管理的水平，推动企业的顺利发展。发展经济，带动就业，增加税收，提升 GDP 等是政府招商引资基本的诉求和主要的目的。因此政府在招商引资的过程中对企业的选择和考察需要从推动经济、就业和税收以及当地具体的准入准则等出发。而产业链式招商作为政府招商引资的一个主要方法，充分考虑了当地的市场资源、产业集群现状，因此促进当地形成具有较强产业集聚能力的产业链体系，这种产业链体系能与上下游相互配套并具有较大的市场规模，并且可以优化资源配置、降低企业的运行成本。

为推动长兴县企业开拓市场，长兴县通过健全完善现有招商服务体系，瞄准长兴县现有传统制造业改造提升与创新发展方向，分行业制定招商路线图，紧盯国内外行业领军企业和先进地区，实施精准招商、定向招商，有针对性地引进实施一批建链、延链、强链、补链项目。长兴县“十四五”规划中明确指出，要通过招商引资的做法帮助当地的企业开拓市场，具体措施如下：开展“双招双选”攻坚，以产业链招商为主线，以招大引强为重点，紧盯沪苏、杭州、深圳等地区，综合运用驻点招商、合作招商、以商引商等模式，着力招引链主型、头部型、旗舰型项目，引进亿元以上制造业项目 100 个以上、科技型中小微项目 75 个以上，其中 5 亿元以上项目 45 个、100 亿元以上项目 1 个。强化外资招引，发挥港澳台侨等资源优势，加快推进驻欧、驻日等招商，引进 1 亿美元以上项目 1 个以上。同步推进精准引才、靶向聚智，深化省新时代工匠培育试点，引进南太湖精英计划等高端人才 40 名以上、大学生及其他各类人才 3.3 万人以上。深入开展“六未”项目攻坚，深化省重大制造业落地项目全生命周期管理服务改革试点，落实项目推进奖惩机制，亿元以上项目新开工、新竣工各 100 个以上，投产 80 个。民间投资占固定资产投资 85% 以上，高新技术产业投资增长 18% 以上。

（四）建立推动产业转型升级的人才引进政策

在经济社会高速发展的当下，人才是企业展最重要的资源。企业一般掌握四种资源：人才、自然资源、资本资源、信息资源。但是，当下竞争的焦点是科技和知识的竞争，而科技与知识的竞争归结到底就是人才的竞争。只有人才才可以促进企业在激烈的市场竞争中取得长期优势，并在最终实现经济的高质量增长，并推动产业向结构更加合理的方向发展。

为贯彻落实创新驱动发展战略，鼓励企业通过引培高端人才以实现蓄电池产业，耐火产业，非织造布产业等产业的升级优化。长兴县深入实施“千人计划”“南太湖精英计划”和“长兴英才计划”，大力引育高精尖创业创新人才。鼓励企业集聚创新资源，引培高端人才，开展关键共性技术研究和产业化应用示范，争创省级制造业创新中心。为了构建更具竞争力的人才引进培养制度，长兴县主要采取了以下的尝试和措施：推行人才引进直接认定机制、完善国家和省和市人才工程配套资助、加速聚集企业急需紧缺人才、持续抓好大学生招引工作、倾力破解技能人才引进培养难题、深入实施社会事业人才集聚工程、扎实推进乡村振兴“五类英才”引育计划（见表2－2）。并于2021颁布的《关于实施新时代人才强县战略服务环太湖发展高地建设的意见》中涉及的人才专项金额达到11600万元。

表2－2　　　　长兴县人才引进政策

政策类别	具体项目	补助内容
技能人才引进	引进省级以上高技能人才	每人最高50万元，给予引进单位同等补助
	引进高级工及以上高技能人才	每人每年2500元标准就业补贴，补贴期限不超过3年

续表

政策类别	具体项目	补助内容
技能人才引进	院校或中介机构输送高技能人才	按每输送一名毕业生给予800元补助，其中高级工以上按2000元/人补助，每家单位每年最高补助不超过50万元
技能人才培养	获得世界技能大赛奖项等省级以上奖项	个人最高100万元补助
	新型学徒制培训补贴	每人每年最高6000元，不超过2年
	职业技能资格提升补贴	初级工1000元，中级工1500元，高级工2000元，技师4000元，高级技师6000元（制造业高级技师8000元）一次性补贴
技能人才平台	高技能人才培训基地	对入选世界技能大赛国家集训基地等平台的单位，给予最高200万元资助
	技能大师工作室补助	高级以上技能大师工作室最高20万元资助，承办技能大赛最高每项5万元资助

（五）优化营商环境的减负政策

营商环境是市场主体从事生产经营或贸易活动，在遵循政策制度和行为准则等方面所需要的时间和成本等条件和因素，既包括物质因素，也包括非物质因素。其中物质因素包括基础设施建设状况、地理位置、资源状况、产业结构等，非物质因素包括政治环境、社会环境、法治环境等。优化营商环境可以减低市场的运行成本、提高运行效率并提升自身的区域竞争力。

为优化营商环境，以达到减负目标，长兴县政府主要采取了四项措施，分别是进一步降低企业用工成本、进一步降低企业生产要素成本、进一步降低企业融资成本以及进一步降低制度性交易成本。在降低企业用工成本方面，首先是通过下调失业保险、工伤保险和工会经费缴纳比例，并在2019年12月31日之前，长兴县建立工会的企业工会经费比例从40%下调至20%。除此之外还通过予以社会保险费返还来实现降低企业用工成本的目标。在降低企业生产要素成本方面，长兴县主要通过降低企业的用地成本、加大城镇土地使用税差别化减免力度，并在2018年1月1日开始提高A类、B类企业的城镇土地使用税差别化减免幅度，A类企业减免幅度为100%、B类企业减免幅度为80%。A类企业是指亩产税收达到工业50万元、除工业外其他行业80万元的。B类是指企业亩产税收达到工业30万—50万元（不含）、除工业外其他行业50万—80万元（不含）的。在降低企业融资成本方面，长兴县政府和当地的金融办和银行机构进行合作，对绿色项目、绿色工厂、小微园区等提供提速贷、提效贷、提升贷和集聚贷，降低长兴县绿色产业企业所面临的融资约束，以促进长兴县绿色产业的发展。最后在降低制度性交易成本方面，长兴县积极推动“最多跑一次”改革，深入实施审批目录清单管理，并完善公共资源交易管理。

综上五个方面的政策举措可知，传统产业的转型升级本质上是资源优化配置问题，西方普遍认为这是市场调节的结果，而我国则是通过市场的“无形的手”与政府的“有形的手”相结合来实现的。当前经济发展进入新常态，经济增长放缓，地方税源规模与质量也陷入困境，因此解决传统产业过剩困局，产业结构的调整迫在眉睫。财政支出可以通过财政的“定向诱导”功能和“租金创造”机能促进产业结构升级，最终实现税源的优化，而长兴县为优化税源结构而采取的一系列的财政政策以及政策产生的成效，不仅可以作为理论的现实基础，也可以为其他地方政府提供一定的借鉴经验。

长兴县在推动地方传统产业结构升级的过程中坚持统筹推进与分业施策相结合。统筹推进长兴县传统制造业改造提升升级支点建设，并结合长兴自身特点，重点推进非金属矿物制品、纺织、蓄电池三大传统行业改造提升，并根据长兴县三大传统产业的特点，制定差异化的财政政策解决和缓解不同产业所面临的困境，力争在重点行业和关键共性领域率先突破，以点带面，实现长兴传统制造业新发展，最终实现税源的优化。

在过去的“十三五”期间，长兴县政府通过财政政策的实施在制造业转型升级方面取得了亮眼的成绩。主要体现在：以智能汽车为核心的标志性产业链规模以上产值增长2.3%，开发区智能汽车及关键零部件平台入选省“万亩千亿”新产业平台培育名单。获批省级数字经济创新发展试验区，建成省级数字化车间、智能工厂4家。战略性新兴产业、装备制造业、数字经济核心产业制造业增加值分别增长10.1%、10.9%、15.4%。纺织产业织机累计集聚入园2.1万台、机联网2万台，关停水泥厂2家，获评国家级绿色工厂（供应链）2家，全省传统制造业改造提升2.0版现场推进会在长兴县召开。超威集团获评国家单项冠军示范企业，新增国家专精特新“小巨人”2家、省隐形冠军企业3家、上市企业4家。传统制造业改造提升、推动企业上市和并购重组等工作获省政府督查激励。过去的5年，长兴县坚持提质增效，实现经济实力大幅跃升，全国综合竞争力百强县排名上升至第30位。地区生产总值年均增长7.1%。财政总收入在全市率先破百亿。战略性新兴产业、高新技术产业增加值占比分别较2015年提高8.2个、18.2个百分点。规模以上工业企业数增长25%，上市企业、国家高新技术企业数分别是2015年的2.5倍、2.9倍。获评省振兴实体经济试点县、省制造业高质量发展示范县。农业现代化发展水平综合评价升至全省第五。旅游总收入增长180%，物流、金融、电商等服务业繁荣发展。三次产业占比由2015年的6.6∶54∶39.4调整到5.2∶49.5∶45.3。

四、高质量财源建设的成效

（一）税收增速转向稳中趋好

利用湖州市统计局中的长兴县资料和长兴县人民政府的统计公报，考察长兴县政府培育税源质量和数量的成果，因为传统产业转型升级从2011年之后比较普遍，本文的数据采用2011年前后的数据进行分析。

由图2－10可知，2005—2019年，长兴县财政税收收入总量逐年扩大，由2005年的8.48亿元到2019年的55.9亿元，年均增长14.9%。但是伴随着经济形势的变化，税收收入增速有不同程度的波动。自2005年以来，长兴县税收收入主要呈现出4次较为明显的上行后下行的趋势。一是2008年受金融危机的强烈冲击，税收增速迅速回落，降至10.67%，2009年随着全县经济的企稳回升，税收收入出现了强劲的反弹，并在2011年达到顶峰39%。随后由于粉体产业改造的延时影响，税收增长速度迅速回落，长兴县政府随即展开传统产业的专项整治工作，使得税收增长率一直处于下降的趋势，并最终在2016年实现了回升。虽然税收增长速度出现了比较大的波动，但是税收增速是略快于长兴县整体的经济增速。最终，长兴县的税收增长速度实现缓慢增长并反超经济增长速度。

长兴县的地方财政税收收入总量，从2010年开始不断增加，在中间2011—2016年税收收入变化趋势平缓的原因是转型期间关停了部分企业导致税收总量的减少，但在转型的后期2017—2021年地方财政税收收入呈大幅增长的趋势，抵御住了营改增的影响，这也反映出地方税

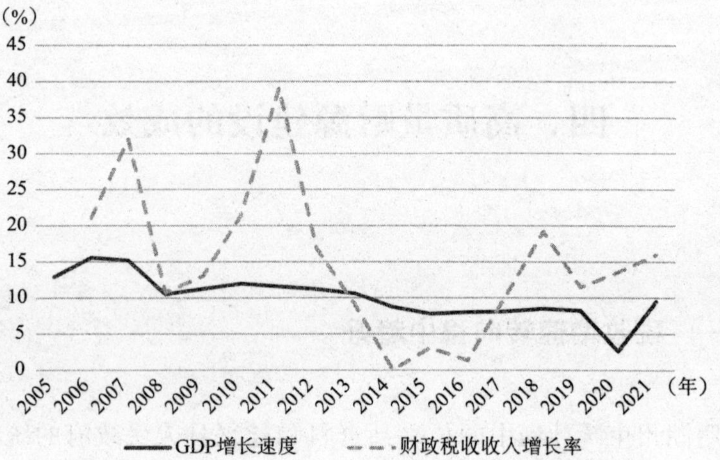

图 2－10　长兴县 GDP 增长速度与税收收入增长速度

源建设成效初显，在长期能够带来税收的大量增加。利用前文提到的税源质量衡量指标：地方财政税收收入/地方财政收入来测度长兴县地方税源质量，发现2010年长兴县地方税源质量远低于全市的平均水平，在转型期间，长兴县地方财政税源质量虽然在不断下降，但主要是整体形势造成的，该指标不断向全市平均水平靠近，直到2017年开始超过全市的平均水平，地方税源质量显著提高了（如图2－11所示）。

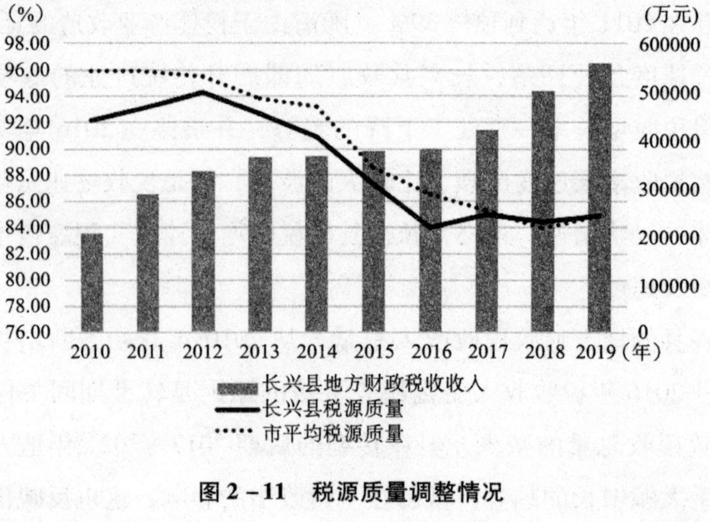

图 2－11　税源质量调整情况

从税收内部结构来看，由于湖州统计年鉴只公布长兴县属于地方的税收明细，故采用三个产业属于地方的税收收入占比指标衡量税收结构。从图2-12中可看出，第一产业的税收收入最低，但占比有了很大的提升，这与农业产值的提高、农业转型升级的成功有关。第二产业和第三产业的税收收入占主导地位，第二产业的税收收入整体呈下降趋势，第三产业的税收收入整体呈增长的趋势，说明长兴县开始通过发展资源更为集约、环境更为友好的产业来增加税收收入。通过观察第二产业里的制造业可以发现第二产业的税收降低，但制造业的税收收入是呈上升趋势的，且在2016年之后增长率变高，说明政府的政策效果较好，制造业税收贡献度越来越高（如图2-12所示）。

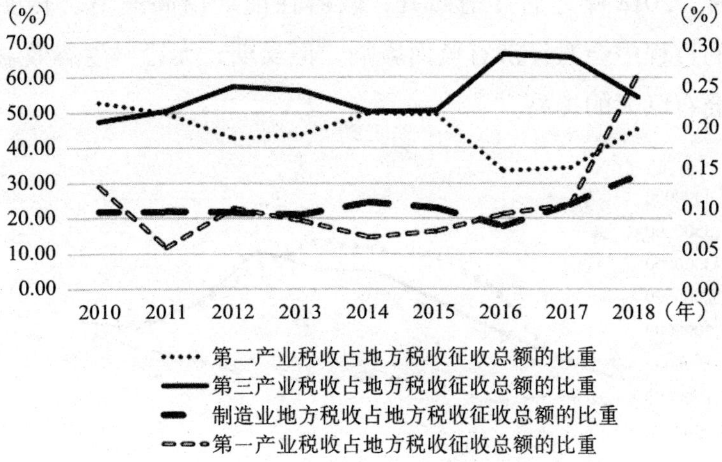

图2-12 税源结构调整情况

（二）产业转型提升税源质量

税基的多少由课税对象的范围和课税对象的大小决定，课税对象的范围由政府部门决定，地方政府不能随意调整，因此地方政府要提高收入只能通过增加课税对象的所得或增值额等方式。本书通过利用县电气机械及器材制造业、非金属矿物制品业、纺织业的数据，考察传统制造业的税基培育成果。电气机械及器材制造业虽然包含很多细分行业，但电池制造业产值占电气机械及器材制造业产值的绝大部分，因此用电气机械及器材制造业衡量蓄电池产业的变动有其合理性。

从图 2－13 中可以看出，非金属矿物制造业的规模以上工业总产值和规模以上工业增加值在 2011 年开始粉体行业专项整治和 2014 年耐火产业转型升级后均出现了下降，但 2017 年调整水泥产业的战略布局后规模以上工业总产值和规模以上工业增加值仍在增加，主要原因是政府在整治期间的配套措施采取得当。从整体上来说，2010—2019 年期间，非金属矿物制造业发展水平越来越高。纺织业在 2015 年非织布制造业调整之后，淘汰了落后产能和重复建设问题，该产业的总产值和增加值都有下降，2018 年之后逐渐回升，政府在前期由高速增长转变为高质量发展的过程中会对经济有负面影响，但长期，无论对生态效益和经济效益都会有巨大的提高。

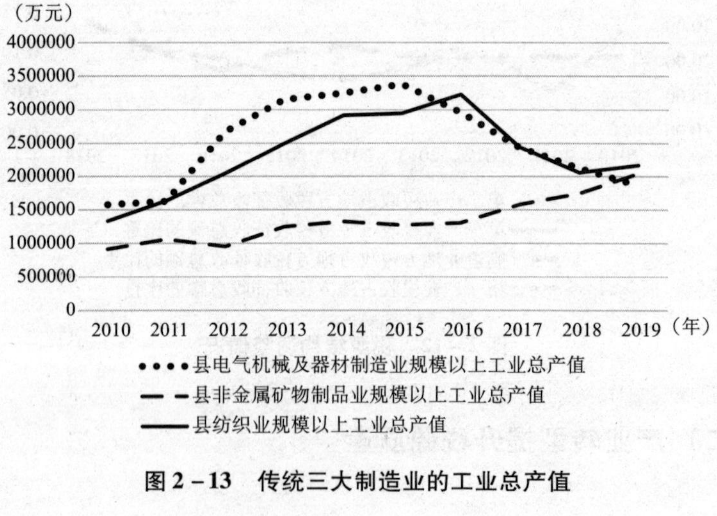

图 2－13 传统三大制造业的工业总产值

电气机械和器材制造业在 2011 年整治之后产值不降反升，主要的原因是当时国内其他产业对蓄电池的需求较大，带动了县内整体的发展，而在 2015 年之后产值降低，主要原因可能是其他新能源电池的兴起占据了市场的主导份额，而长兴县县域内的天能集团等大企业在新能源电池方面发展不力，造成产值较低。从各行业的规模以上工业生产总值的比重上来看，从2011年的电气机械及器材制造业主导到2019年的纺织业占比最大，行业结构得到了调整，轻工业的比重加大。

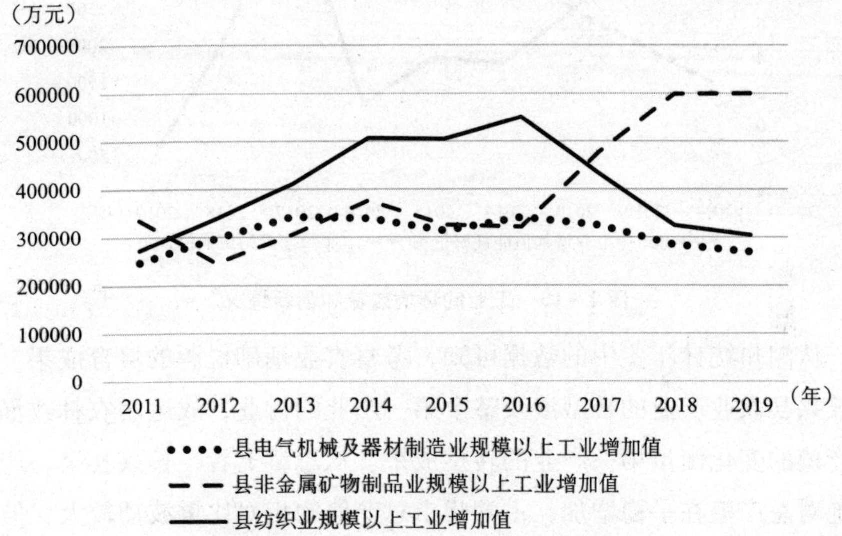

图2-14　传统三大制造业的工业增加值

从整体上看，三大传统行业的增加值和产值越来越大，同时观察长兴县工业增加值能耗降低率，该比率2012年、2017年达到最高，这与政府在这两年前后出台的产业整治政策有关（如图2-14所示）。

考察长兴县的技术创新水平，在2011—2015年产业整治政策密集出台期间，长兴县每年新增专利授权量在平稳增长，在2017年水泥行业整治之后，由于政府在整治期间加强企业创新补助，2018年的专利产出有了较大的增幅。政府通过出台产业转型政策不仅促进了行业产值的增加，也减少了行业能源的消耗，促进了集约型发展，同时整个区域的创新水平得到提高。这些效应都有利于提高地方政府的税收数量和质量，长期会带来税源质量的提升（如图2-15所示）。

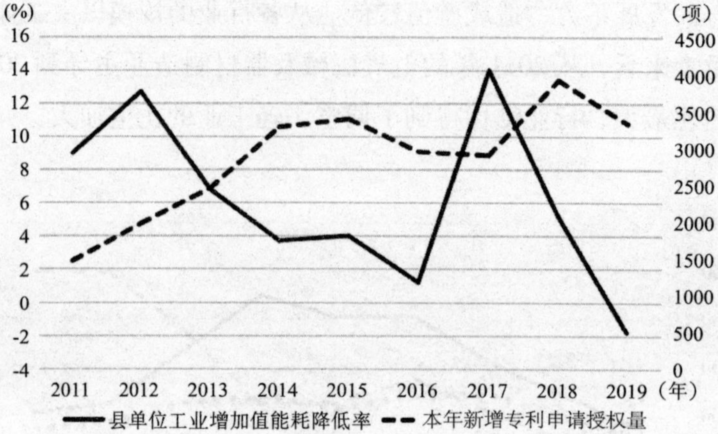

图 2－15　工业的环境效益和创新情况

从湖州统计年鉴中的数据可知，考察农业基础税源的培育成果。由于长兴县农业产业的转型涉及整个第一产业的行业，故运用农林牧渔业总产值的变化衡量第一产业的转型成果。从总量上看，长兴县第一产业的绝对总产值在平稳增加，占湖州市总产值的相对比重波动较大，但总体的趋势是增加的。具体来说，2019 年长兴县特色水果：桃子杨梅和葡萄产量达到整个湖州市的 62. 87%、87. 14% 和 84. 94%（如图 2－16 所示）。

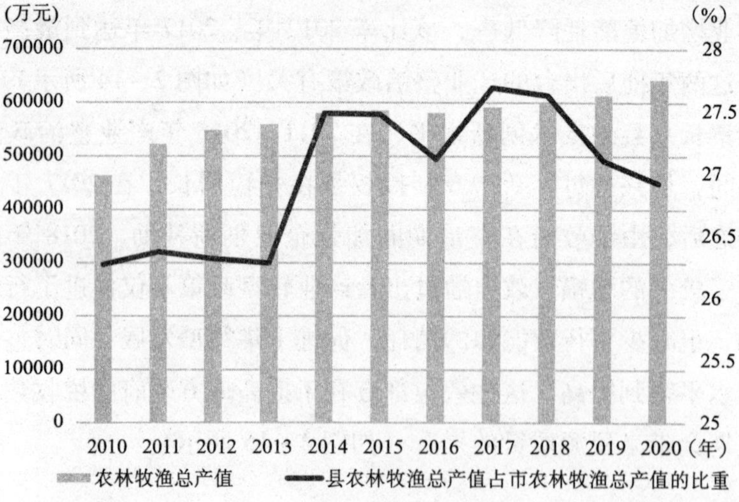

图 2－16　第一产业的产值

从第一产业内部的结构上看，农业总产值占主导地位的形势没变，且农业的总产值在不断提高，占产业产值的比重不断提高。但其他产业的变化较大，原来的牧业由占比第二位跌至第四位，替代它的是渔业，渔业在2010年以来产值一直在增加，有良好的发展势头，其中鱼类、甲壳类占比最高，牧业中的家禽类产出减少，开始驯养湖羊等生态和经济效应更好的作物。林业产值也在不断下降，林业产值中贡献最大的是人造板原料，长兴县开始探索更为集约的产品。同时，注意到农林牧渔服务业产值占比平稳增加，说明长兴县在发展新型农村经济上已经取得了成效（如图2－17所示）。

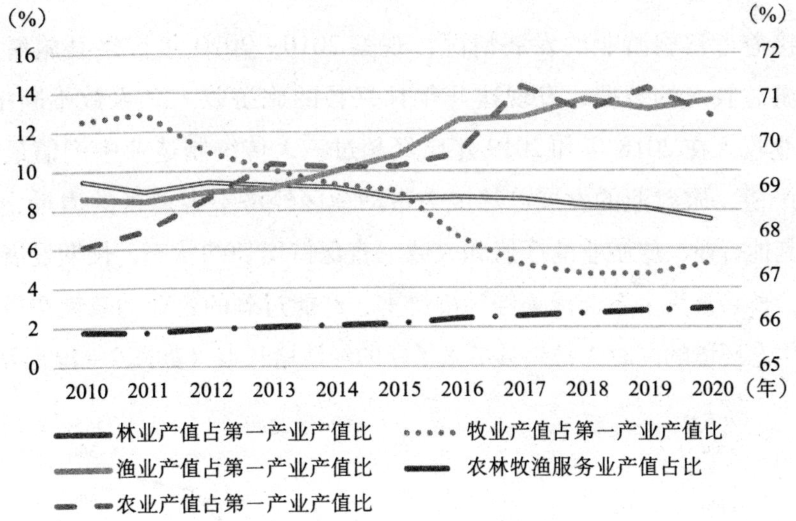

图2－17 第一产业的结构

长兴县政府一直致力于提高农业的机械水平，以机器换人，降低农业的人力成本。考察县农业机械总动力的拥有量，2010年以来该指标总体上呈增长的趋势，由于该指标与农作物种植面积有关，种植面积越少，该指标可能越小，2010以来农作物播种面积一直在减少，而农业增加值在不断提高，农业机械化水平的提高是造成这个局面的一大原因（如图2－18所示）。

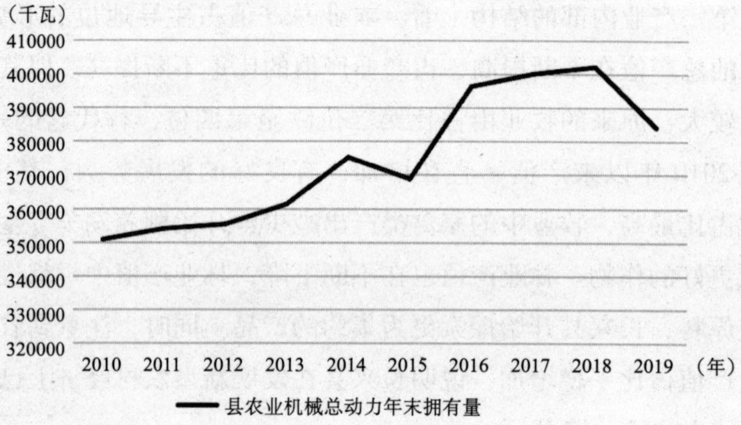

图 2－18　农业机械化水平

接着考察旅游业的发展情况，观察 2010—2020 年长兴县旅游人数和旅游总收入的数据，发现这几年长兴县的旅游收入和人数不断增加，旅游业收入在 2018 年和 2019 年已经超过三大传统制造业中产值最高的行业产值，旅游业的发展已然成为带动地区经济不容忽视的力量，且不同于其他行业，旅游业的产值和人数一直保持增长的状态，长期发展趋势看好，长兴县为生态选择关停污染严重、产能过剩的企业的政策在带来良好的生态环境的同时为长兴县带来了新的经济增长点（如图 2－19 所示）。

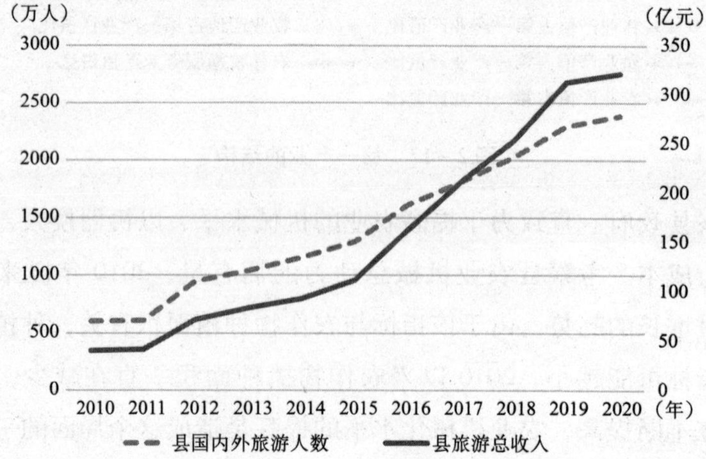

图 2－19　旅游业发展情况

通过比对三次产业对税收的贡献可以得到，长兴县的第二产业税收占主导地位，并且第二产业的税收结构不断优化。第三产业的实力不断增强，对税收的支撑力度也在显著增强。第三产业创造的税收额度从2005年的8.1亿元到2019年的48.1亿元实现了494%的增加，除此之外，第三产业对税收的贡献率从2006年的28.7%跃升至2019年的45.3%，并于2020年第三产业中旅游总收入增长180%，物流、金融、电商等服务业繁荣发展，极大地优化了长兴县的税源结构（如图2－20所示）。

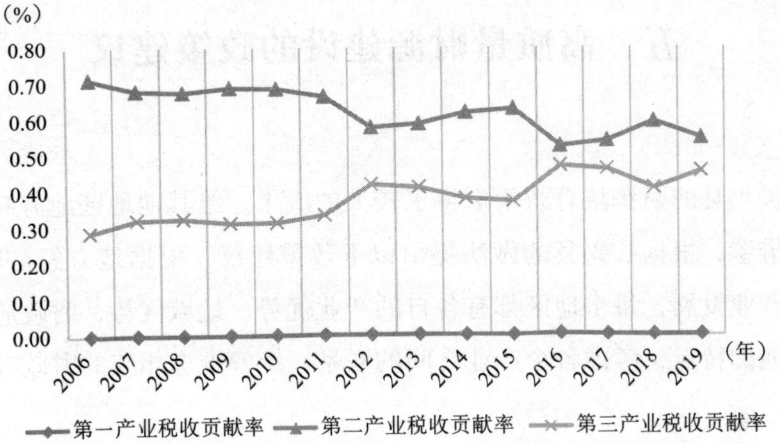

图2－20　长兴县三次产业贡献率

（三）科技创新助升税源质量

2018年以来，在高新技术产业和战略性新兴产业的引领下，长兴不断发挥科技对工业经济发展的推动作用，在科技成果的转化中实现产业结构的优化，为长兴县经济的提质增效注入新动能。以智能汽车为核心的标志性产业链规模以上产值增长2.3%，开发区智能汽车及关键零部件平台入选省“万亩千亿”新产业平台培育名单。获批省级数字经济创新发展试验区，建成省级数字化车间、智能工厂4家。战略性新兴产业、装备制造业、数字经济核心产业制造业增加值分别增长10.1%、

10.9%、15.4%。“十三五”期间，战略性新兴产业、高新技术产业增加值占比分别较2015年提高8.2个、18.2个百分点；规模以上工业企业数增长25%，上市企业、国家高新技术企业数分别是2015年的2.5倍、2.9倍；获评省振兴实体经济试点县、省制造业高质量发展示范县。从以上的分析中可得，长兴县通过科技创新推动税源增长取得了亮眼的成就。

五、高质量财源建设的政策建议

长兴县的财源培育政策取得了较大的成果，给其他地区地方政府提供了借鉴，根据长兴县的做法提出以下政策建议，根据地方经济特点，扶持产业发展，每个地区都有各自的产业优势、地域优势，财政应该结合当地的特点，考虑各个产业之间的联系，统筹推进相应的财政政策。

（一）加快传统产业改造，大力发展环境保护型产业

税收来源于经济，税收持续健康发展有赖于经济的又好又快发展。地方政府需要推进传统产业改造提升和鼓励企业加快技术更新。用先进实用的技术改造传统产业，并推进信息技术和传统制造业跨界融合，推进传统产业向中高端迈进。进一步提升地方优势产业，如粉体产业、耐火产业和非织布产业的科技含量，提高相关行业的市场竞争力。同时，政府相关部门也需要出台相应的政策，建立淘汰机制，对具有发展潜力的企业加大转型扶持力度，对负外部性强且潜力不大的企业逐步实行淘汰，以提升整体的质量，发挥地方传统产业的支柱性作用，以发展环境保护型产业。环境包括生态的硬环境和企业发展的软环境。长兴县前期

为搞好生态环境牺牲了经济增长，但长期，良好的生态环境将为长兴县带来新的经济增长点。要坚信“绿水青山就是金山银山”的理念，保护地区生态。同时，要改善企业的营商环境，搞好城市基础设施、工业园区建设、企业之间和企业和专家之间的技术、生产线之间的交流，鼓励企业拓展产业链，吸引更多优质的企业加入进来。

（二）培育战略新兴产业，提高高新技术企业竞争力

引导企业以市场为导向，在节能环保、智能制造、电动车等新兴产业，积极引进新技术、新工艺以及新装备围绕新兴产业通过集中创新资源、实行联合攻关来实现技术瓶颈和关键技术的突破。除此之外，地方政府需要牵头主导，深化产学研合作，强化与国内外知名院校、科研机构、龙头企业以及一流专家合作；并加大对创新发展的政策支持和资金投入力度，构建普惠性创新支持体系，营造鼓励技术创新的良好社会氛围。长兴县在传统制造业和农业的转型中都强调了机器换人，地方财政应加大企业购进现代化设备的扶持力度、健全科技创新水平提高的鼓励机制，技术升级和产品工艺改进是企业提高竞争力的战略选择。

（三）大力发展第三产业，推动现代新兴服务业发展

随着经济发展进入新常态，地方政府税收收入对第三产业的依赖程度越来越高。随着社会的发展，服务业的主体会从传统生活性服务业转变为生产性服务业，再到金融、保险和流通服务以及生活性和生产性服务业互动发展，最后到科研、信息、教育等现代知识型服务业。

因此地方政府需要重点发展生产性服务业。加大对金融保险、物流业等朝阳产业的扶持力度，对其给予财政补贴、税收优惠等政策，尽快将其转化为现实税源。在现代经济的中心，高税行业——金融业领域，

要加快金融主体的建设，推动创新发展，创新和改进网上银行，简化服务于中小企业的贷款业务，建立与完善支农惠农贷款机制，使金融服务更便捷，更加人性化，推动金融服务业的发展，帮助提高金融服务业在我国产业发展中的地位。

（四）发挥县区优势，形成产业集群

地方龙头产业依托所属地的自由环境优势以及制度优势等，逐渐发展成为一个地区的品牌代表，具有行业的引领示范作用，是工业经济持续增长的主要力量，企业规模越大，对税收的贡献率就越高，企业的税收收益就越好。在保证龙头产业质量的前提下，可以通过补链式招商引资，强化龙头企业的带动作用并壮大产业集群，在地区内形成一条完整的产业链，提升产品的附加值。

（五）完善税制，优化税收征管

经济发展表现出新的形势，地方政府需要把握新发展阶段、贯彻新发展理念、构建新发展格局，税收征管改革也与时俱进，并全面推进税收征管数字化升级和智能化改造、不断完善税务执法制度和机制、大力推行优质高效智能税费服务、精准实施税务监管、持续深化拓展税收共治格局等方面提出具体改革举措。

第三章

预算绩效管理的探索

预算是政府活动和宏观政策的经济反映，是规范政府行为的有效手段。预算绩效是衡量政府绩效的主要指标之一。全面实施预算绩效管理，既是解决公共资金配置效率、使用效率的有效方法，也是建立现代财政制度、实现国家治理现代化的有效途径，更是增强政府公信力、提高群众满意度的重大举措。近年来，长兴县充分发挥财政职能作用，牢固树立“花钱必问效、无效必问责”的理念，以全面实施预算绩效管理为重要抓手，切实提高财政资金的配置效率和使用效果，为推动地方高质量发展、加快实现共同富裕提供了坚强的财政保障。

一、科学认识预算绩效管理

（一）预算绩效管理的内涵

由于具有公共性特征，财政资金是社会各界关注的焦点，人们对财政资金安排是否科学合理，资金使用是否规范有效，资金效益是否达到预期目标，政府公共服务职能是否有效履行，财政支出责任是否得到真正落实等问题非常关注。

预算绩效管理就是对上述社会关注的积极回应，其将绩效管理理念、方法融入预算管理的全过程，使之与预算编制、预算执行、预算监督一起成为预算管理的有机组成部分，是一种以绩效目标的实现为导向，以绩效运行监控为保障，以绩效评价为手段，以结果应用为关键，以改进预算管理、优化资源配置、控制节约成本、提高公共产品质量和公共服务水平为目的的预算管理模式。

预算绩效管理的根本目的并非“省钱”，而是改进预算管理，实现有效供给，即效果（结果）与支出相匹配，它要求“该花的钱坚决满足，无效支出一分不给”。虽然它看起来并不省钱，但实际上由于优化资源配置、提高资金使用效率从而成为最节约的预算。预算绩效管理的核心是强化支出责任，推动政府提升治理能力。预算绩效管理的特征是全过程，即绩效管理贯穿于预算编制、预算执行、预算监督之中，并实现全方位、全覆盖。

（二）实施预算绩效管理的意义

首先，实施预算绩效管理是缓解财政收支矛盾的有效手段。从短期看，世界经济形势复杂严峻，叠加疫情影响，地方财政收入增幅下降，而民生等刚性支出稳步增加；从长期看，我国还处于社会主义初级阶段，无论是基础设施建设，还是公共民生支出等，都需要大量的投入，财政收支矛盾一定时期内将长期存在。因此，只有“将钱真正花在刀刃上”，才能一定程度缓解财政收支矛盾，实现持续健康发展。

其次，实施预算绩效管理是建立现代财政制度的必然要求。全面实施预算绩效管理就是要做到“花钱必问效、无效必问责”，防止财政资金损失浪费，提高财政资源配置效率和使用效益，将来自人民的资金真正花在人民最需要的地方，进一步提升预算管理水平、政策实施效果。

最后，实施预算绩效管理是提升国家治理水平的重要途径。财政是国家治理的基础和重要支柱，预算绩效是政府绩效的重要组成部分，反映了各级政府，各部门、单位的工作绩效。全面实施预算绩效管理，推动财政资金聚力增效，有利于夯实政府主体责任，推动政府提升效能，加快国家治理体系和治理能力现代化。

（三）我国预算绩效管理的发展

我国开展预算绩效管理的探索已将近 20 年，对预算绩效管理的认识也在实践中不断深化发展。2003 年党的十六届三中全会提出“建立预算绩效评价体系”；党的十七届二中全会推行政府绩效管理和行政问责制度；党的十八大明确提出“创新行政管理方式，提高政府公信力和执行力，推进政府绩效管理”；党的十八届三中全会提出“严格绩效管理，突出责任落实，确保权责一致”；党的十九大提出“建立全面规范透明、标准科学、约束有力的预算制度，全面实施绩效管理”，将预算绩效管理提升到了一个全新的高度。

21 世纪以来，预算绩效管理主要经历了“绩效评价”“绩效管理”“全面绩效管理”三个阶段，其内涵也不断丰富和提升。特别是新《预算法》《预算法实施条例》《中共中央国务院关于全面实施预算绩效管理的意见》的出台和实施，加速了预算绩效管理在地方和基层单位的落实，全面预算绩效管理取得了阶段性的成效，预算管理的科学化、规范化水平不断提高，财政资金的使用绩效逐步提升。

二、预算绩效管理的实践

为提高财政资金配置和使用效益，长兴县将绩效管理深度融入预算管理全过程，在2020年发布并实施全国首个财政预算绩效管理地方规范，集中围绕“全方位、全过程、全覆盖”这一目标任务，扎实推进预算绩效管理工作，取得了显著的成效。

（一）预算绩效管理的实践

1. 构建集中财力办大事财政政策体系

聚焦聚力上级党委政府、县委县政府重大决策部署，滚动编制中（长）期财政收支政策和重大项目资金规划，制订大事、财力和政策三张清单，统筹安排资金、资产、资源三要素，综合运用一般公共预算、政府性基金预算、国有资本经营预算等预算资金，以及政府和社会资本合作（PPP）、政府产业基金、政府债券等政策工具，吸引带动金融资本、社会资金增加对重点领域、重大项目投入，系统构建以绩效为核心的集中财力办大事财政政策体系和资金管理机制。

全面梳理现行财政政策，该保留的保留、该整合的整合、该强化的强化、该出台的出台，积极融入长三角一体化发展国家战略，有效发挥政府投资对加强基础设施建设、改善生态环境、促进民生项目建设、推动高质量发展等重点领域的引领作用，将有限财力用到“刀刃”上，提高财政资金使用绩效。

2. 建立事前绩效评估机制

对拟出台的新增重大政策和项目，先由负责实施的部门单位就立项必要性、投入经济性、绩效目标合理性、实施方案可行性、筹资合规性和环境影响性等开展事前绩效评估，出具绩效评估报告并作为申请预算的必备要件。

财政部门加强预算审核，对未按要求提供事前绩效评估报告的，原则上不予安排预算资金；对事前绩效评估报告论证不充分、无法有效支撑评估结论的，予以退回；对绩效评估报告符合要求的，根据事前绩效评估办法对报告进行审核并提出意见。对审核意见为“建议予以支持”的政策和项目，预算归口科室纳入预算安排流程；对审核意见为“建议调整完善后予以支持”的，预算归口科室要求相关部门予以调整完善后方可纳入预算安排流程；对审核意见为“不予支持”的，不纳入预算安排。

对确有必要的政策和项目，财政局预算归口科室会商预算局并按规定程序报经批准后，可委托第三方机构独立开展事前绩效评估。

3. 强化绩效目标管理

绩效目标是建设项目库、编制部门预算、实施绩效监控、开展绩效评价等的重要基础和依据。长兴县绩效目标管理按照权责统一的原则开展，明确“谁申请资金，谁设定目标”“谁分配资金，谁审核目标”“谁批复预算，谁批复目标”。在这一过程中，财政负责审核、批复本级绩效目标；负责本级预算绩效指标库管理；指导本级主管部门和下级财政部门开展绩效目标管理工作等。

绩效目标的设定是预算绩效管理的关键。虽然绩效目标设定的责任主体是部门和单位，但财政的指导和审核非常重要。长兴县财政局高度重视绩效目标管理工作，专门制定印发了《长兴县绩效目标管理制度

(试行)》，对职责分工、目标设定、目标审核、批复下达等进行了详细规定。在明确绩效目标的总目标、绩效指标及指标值内涵的同时，对指标权重按照六大类型模板进行分类设定，分别为经济建设类、民生实事类、生态环境类、社会治理类、公共服务类、其他类。根据项目实际情况，一级指标权重可做适当调整。二、三级指标根据本身重要程度、项目实施阶段等因素综合确定，以准确反映项目的产出和效益。根据指标完成情况分为达成指标、部分达成指标并具有一定效果、未达成指标且效果较差三档，分别按照该指标对应分值区间 100%—80%（含)、80%—60%（含)、60%—0% 合理确定分值。

长兴县明确，绩效目标编制应由部门单位的内设业务部门与财务部门共同参与。绩效目标设定要遵循五大要求：一是指向明确。体现党中央、国务院和省委、省政府以及县委、县政府决策部署，符合本地区本部门中长期战略规划和年度规划目标等。二是细化量化。从产出、效果等方面进行细化，并设置可量化、可测量的绩效指标。确实无法量化的，指标值可采用定性表述，但表述应可比较、可评定。三是合理可行。经过调查研究或科学论证，符合客观实际，能够在一定期限内如期实现，避免目标设立过高或过低。四是相应匹配。与实施期内的任务数或计划数相对应，与预算投入规模、支出内容和政策依据相匹配。五是整体一致。总体绩效目标与产出指标、效益指标和满意度指标之间应逻辑清晰、环环相扣，体现财政资金投入、过程、产出、效果的一致性和整体性。

在预算绩效管理过程中，长兴县探索建立县级预算绩效指标库，为预算绩效管理的科学、高效开展提供了便利工具。在指标库建设过程中：财政监督局（绩效管理科）梳理形成县级预算绩效指标库模板。预算归口科室会同县级部门，结合历年项目绩效情况对绩效指标模板进行审核完善。审核通过的指标按部门和项目整理后由财政监督局（绩效管理科）汇总。财政监督局（绩效管理科）负责对汇总的绩效指标进行规范性审核，按规定程序批准后录入县级部门预算绩效指标库。数字财政信息管理中心按县级预算绩效指标库建设业务需求对预算编制软件进行优化调整，并将相关要求编入预算编制手册，应用于县级部门预算编制。在日常管理中，财政局根据需求和变化，适时新增、调整、撤销相应的指标，保持指标库的动态更新。

预算归口科室在审核预算时同步审核绩效目标。重点审核是否完整设置产出与效益指标，各指标是否量化细化、指向明确、合理匹配；对审核中发现有问题的，将审核意见反馈部门进行调整完善；对未按规定要求编制绩效目标的，不予安排预算。财政监督局（绩效管理科）对县级部门报送的绩效目标有重点地选择部分进行规范性监审。对上会部门的重要项目绩效目标会同预算局、预算归口科室集中审核，审核结果反馈预算归口科室，由预算归口科室督促部门调整完善。绩效目标批复或下达后，无特殊原因一般不予调整。预算执行中因项目变动、预算调剂或调整等原因确需调整的，应按照规定程序报批。

4. 实行绩效运行和预算执行双监控

各部门、单位对绩效目标实现程度和预算执行进度实行“双监控”，实现资金拨付和绩效目标进度的结合。按照“谁支出，谁负责”的原则，部门单位是绩效监控的实施主体，财政部门是绩效监控的监督主体，两者形成共同实施、协调统一的工作合力。

长兴县从2020年起，各单位对所有项目实行绩效运行监控并将监控情况报主管部门，由主管部门审核汇总报财政部门，同时各部门建立本部门预算执行情况的绩效运行定期监控机制。财政部门对重大政策和项目实施绩效跟踪，对存在严重问题的政策、项目暂缓或停止预算拨款，督促整改落实；同时，加强预算执行管理，科学调度资金，加快预算支出执行，切实提高财政资金使用效益。

长兴县在绩效监控工作中实施“红黄蓝”灯预警机制。即对全年绩效目标预计无法实现、项目进度或资金执行率严重偏低，或者存在严重问题的，如预算执行与绩效目标偏离较大、已经或预计造成重大损失浪费或风险等情况，予以红灯警示。对项目进度或预算执行进度缓慢、管理上存在较大漏洞、部分绩效指标可能无法完成、全年绩效目标的完成存在不确定性等情况，予以黄灯警示。对部分指标设置不合理、主要绩效目标设置过低或与资金不匹配，导致目标超额完成或预期资金结余较大等情况，予以蓝灯警示。通过预警，第一时间发出提醒，及时采取措施，减少资金损失，提高使用绩效。

5. 全面开展绩效评价

长兴县通过部门（单位）自评和外部评价相结合的方式，对预算执行情况开展绩效评价。要求各部门（单位）不断完善绩效自评机制，对照绩效目标，对预算执行情况及政策、项目实施效果，全面开展绩效自评。财政对各部门（单位）的自评结果开展绩效再评价。

一是开展部门整体绩效评价。按照试点先行、逐步扩面的原则，将部门（单位）预算收支全面纳入绩效管理，强化部门（单位）的理财主体责任，赋予部门（单位）更多的管理自主权。围绕部门（单位）职责、行业发展规划，特别是县委、县政府中心工作和重大工作任务，以预算资金管理为主线，从运行成本、管理效率、履职效能、社会效应、可持续发展能力和服务对象满意度等方面，实施部门整体绩效评价，全面衡量部门（单位）整体及核心业务实施效果，推动部门（单位）提高整体绩效水平。

二是实施政府预算绩效管理。对下级政府财政运行情况进行综合绩效评价。将政府收支预算全面纳入绩效管理。坚持预算收入实事求是，与经济社会发展水平相适应，严禁脱离实际制定增长目标、超限额举借政府债务等，预算支出坚持统筹兼顾、突出重点、量力而行，着力支持重大发展战略和重点领域改革，提高保障和改善民生水平。严禁设定过高民生标准和擅自扩大保障范围，确保财政资源高效配置，增强财政可持续性。

三是建立重大政策、项目预算的绩效评价机制。将政策和项目预算全面纳入绩效管理，综合衡量政策和项目预算资金使用效果，对实施期超过一年的重大政策和项目实行全周期跟踪问效，建立动态评价调整机制，将政策到期、绩效低下的政策和项目及时清理退出，形成定期评价及退出机制。

按照长兴县全面构建集中财力办大事财政政策体系组织实施方案相关规定，县财政局对需要财政重点引导、支撑和保障的，涵盖重大平台、重大基础设施项目、重大民生项目建设以及重大产业发展、重大改革落地的项目开展财政重点评价。引入第三方机构参与绩效评价，使评价结果更加独立客观公正。

6. 加强绩效评价结果应用

建立绩效评价结果与预算安排和政策调整挂钩机制，将部门（单位）整体绩效评价结果与其预算安排挂钩，探索实施乡镇（街道、园区）财政运行综合绩效评价结果与资金安排分配挂钩。对绩效好的政策和项目原则上优先保障；对绩效一般的政策、项目督促改进；对交叉重复和碎片化的政策、项目予以调整；对低效、无效资金一律削减或取消；对长期沉淀的资金一律收回并按照有关规定统筹用于亟待支持的领域。强化绩效评价结果在财政专项资金分配和调整中的应用，对未达成预期绩效的，视情况予以消减或扣回。

除了与预算支出挂钩外，长兴县还大胆创新，将预算绩效结果纳入政府绩效和干部政绩考核体系，作为领导干部选拔任用、公务员考核的重要参考，以充分调动各乡镇（街道、园区）、部门（单位）履职尽责的积极性。

建立考核结果通报制度，对工作推进不力的，进行约谈并责令限期整改。加大信息公开力度，将重要绩效目标、绩效评价结果与预决算草案同步报送同级人大，同步向社会主动公开，自觉接受社会公众的监督。

建立反馈与整改机制，对存在相关问题的部门单位，进行信息反馈，并督促其在规定时间内进行整改。强化监督问责，严查财政资金低效无效、造成重大损失浪费的行为，对发现的违纪违法问题线索，及时移送纪检监察机关。

7. 健全协调机制，发挥部门合力

长兴县成立了预算绩效管理工作领导小组，小组成员来自县委、人大、政府部门、街道乡镇、国有企业等部门单位，领导小组办公室设在县财政局。县财政局负责制定预算绩效管理制度办法，指导各部门（单位）全面实施预算绩效管理工作，健全与全面实施预算绩效管理相适应的内部组织架构，加强预算绩效管理力量。各部门（单位）负责对本部门（单位）预算绩效的组织领导，确保预算绩效管理延伸至基层单位和资金使用终端。各乡镇（街道、园区）结合实际制定工作方案，细化目标任务，扎实推进全面预算绩效管理，提高财政资源配置效率和使用效率。

县财政局作为牵头组织和综合协调部门，在做好自身业务工作的同时，注重与县人大、纪检监察、审计等机关的协调配合，形成工作合力，确保全面预算绩效管理工作的顺利实施。

（二）实施预算绩效管理的成效

1. 绩效根基进一步稳固

长兴县财政局始终将绩效目标编制质量作为绩效工作的重心。2021年首次引入预算绩效目标重点评审机制。评审由县人大财经委牵头组织，专门成立目标评审小组，采用专家评判形式，邀请人大、政协、财政局、审计局等项目相关度高的专家进行总体打分，重点关注绩效目标的内容是否完整、明确、清晰，与部门职能、事业发展规划是否相关，绩效目标是否细化、量化，在既定资金规模下绩效目标是否过高或过低，所采取的措施是否切实可行等。原报送的绩效目标中绩效指标共

204 项，经评审，新增及修改 17 项指标。通过审核完善后，2022 年度预算绩效目标更为细化和量化，单位绩效目标编制质量和水平得到了显著提升。

2. 绩效监督合力进一步增强

在县人大财经委监督指导下，长兴县出台多部门联席会议机制，加大县纪委监委、县发改、县财政、县审计等部门联动力度，特别是在政府投资项目前期评审过程中，引入财政的事前绩效评估机制以及绩效目标申报管理，有利于项目后期评审的精准性与有效性。县财政局与县大数据局联合发布《长兴县政府投资信息化项目绩效评价管理办法（试行）》，科学制定项目绩效评价算法模型，对项目申报、立项、建设、验收、应用效益等相关数据实现系统自动抓取，并依托该一体化智能化公共数据平台，实时获取和展示全县已建项目相关运行数据、云平台资源使用等情况，为项目绩效评价提供实时的数据支撑，基本实现系统自动开展项目绩效评价，使项目绩效评价更为客观公正、精准科学。

3. 评价体系不断规范

为了保证绩效评价结果的科学、公正，长兴县在《财政预算绩效全周期监督管理工作规范》中对绩效评价指标体系进行规范，设立模板、明确评分权重，统一评价标准，并应用于试点项目中，使第三方机构开展评价有统一标准，避免了评价指标、分值设定的随意性。

4. 信息公开进一步加强

为进一步提高预算绩效管理工作的透明度，制定《长兴县预算绩效信息公开制度》，将信息公开从现有的绩效目标公开向绩效评价结果公开延伸，现已将所有重点评价项目结果予以公开，以重点项目评价结果信息公开为试点，逐步向全覆盖推进，未来将全面接受社会公众的监督。

5. “最后一公里”问题得到有效破解

长兴县财政局深入落实将评价结果应用于部门预算编制的要求。2022 年预算方案中明确“整体绩效评价结果”中，评价等级为“优”

的，申请新增项目经费时优先保障；评价等级为“中”的，部门项目预算经费压缩 5%；评价等级为“差”的，部门项目预算经费压缩 10%。单个项目资金绩效评价结果中，评价等级为“中”的，压缩该项目经费 10%；评价等级为“差”的，原则上取消该项目安排。在 2021 年的重点绩效评价过程，发现存在问题的项目两个，涉及财政资金 6550 万元，评价结果直接应用于 2022 年预算。

6. 管理方式由传统向现代转变

传统预算绩效管理方式难以适应资金量较大、涉及部门较多、审批流程较复杂的专项资金监管，长兴县财政局于 2021 年 6 月启动开发“长兴绩效”应用平台，以浙政钉系统为基础，建立健全预算绩效管理体系架构，部署绩效管理人员结构网状图。通过整合资源，推进流程再造，将事前绩效评估、目标管理、监控预警、绩效评价、结果应用反馈等信息同步推送至各个项目相关人员，打破以财务人员为主力的传统模式，打通联动渠道，及时传递工作任务，缩短监督管理周期。借助浙政钉平台，接入查询端口，实现预算单位历年绩效管理信息“随身查、随时查”，用大数据手段提高绩效信息共享效率。

三、预算绩效管理面临的问题

近年来，长兴县积极推进预算绩效管理改革，财政资金使用绩效不断提高，部分工作走在全省前列，得到了社会和上级部门的高度肯定。但实践中也面临一些共性的问题和挑战，在下一步的改革中需要不断完善。

（一）预算绩效文化尚未形成

预算绩效管理已实施多年，但财政部门之外的部门和单位对绩效的理解和落实还不够到位。一是部分预算单位对绩效管理理解有偏差。如有的单位将其简单理解为绩效目标申报；有的单位认为绩效管理就是绩效评价，是财政部门的事，与己关系不大；甚至有的单位错误认为实施预算绩效管理的唯一目的就是给财政“省钱”。二是部分预算单位绩效管理执行“走过场”。在有的单位，领导不重视绩效管理，业务部门不配合绩效管理，财务部门无能为力，只能被动应付绩效管理工作，甚至配合业务部门弄虚作假蒙骗财政部门。三是绩效理念尚待全面普及。在预算单位内部，除财务人员外，其他人员对绩效管理了解不深、支持乏力；在整个社会，广大群众对绩效管理关注不够，同时由于公众监督意识不足及获取信息渠道不多，参与意识还不强。

（二）绩效管理法律法规体系尚待完善

目前，我国还没有专门针对预算绩效管理的法律法规，相关规定大多还限于财政部门的规章层面。《预算法》明确了“讲求绩效”的原则，但未对绩效管理做出详细的规定。2018 年中共中央、国务院发布的《关于全面实施预算绩效管理的意见》对建成全方位、全过程、全覆盖的预算绩效管理体系提出了较为系统的要求，但还未提升到法律层面。行政规章在推进预算绩效改革前期发挥了巨大的作用，但缺乏法律保障和制度规范。从长远来看，预算绩效管理需要系统全面的法律引导和约束。

（三）绩效评价的范围和公开力度不够

当前，我国的预算绩效管理还处在起步阶段，大多数地方都是仅对部分重点领域、重点项目开展绩效评价，离真正的“全方位”“全覆盖”还有一定的差距。同时，预算绩效管理大多停留在内部通报、完善管理的层面，未能真正实现“评价结果有公开”，难以充分发挥社会公众监督部门单位预算执行情况，进而推进预算绩效管理改革向纵深发展的作用。

（四）预算绩效管理激励与问责机制不健全

目前，相关制度只是将绩效评价结果作为财政资金分配的重要依据，没有形成具体的奖惩标准。特别是没有与个人问责有效结合起来，还停留在“公事公办”的模式，无法对个人形成有效的激励和约束。长兴县在此方面进行了一些有益的探索，将预算绩效结果纳入政府绩效和干部政绩考核体系，作为领导干部选拔任用、公务员考核的重要参考。但长兴县的考核范围目前限于领导干部和公务员，未覆盖所有预算单位和相关岗位人员，有进一步改革完善的空间，以充分调动预算单位所有相关人员讲求绩效的积极性。同时，部分项目、政策的预算绩效是一个长期的过程，对于预算单位领导和相关人员任免变动如何进行追责，目前尚无相关制度规定。

（五）预算绩效管理信息化水平亟待提升

每个项目的预算绩效管理基本都涉及大量的指标、数据，按照“全方位、全过程、全覆盖”的要求，将会产生海量的而且可能实时都在变动的信息，单靠人工无法高效、精准地实施，急需提升信息化水平，通过大数据实时传输和精确分析来实现科学的预算绩效管理。长兴县通过“长兴绩效”应用平台进行数字化绩效的探索，为其他地方提供了借鉴。随着改革的不断深入和需求的不断升级，长兴县的信息化工作也需要进一步完善和提升。

四、深入推进预算绩效管理改革的建议

（一）加大宣传力度，强化绩效理念

政府特别是财政部门要充分利用各类媒体深入宣传预算绩效管理，营造财务人员精绩效、部门（单位）懂绩效、社会公众关注绩效的良好文化氛围。对预算单位的财务人员，要定期组织专业力量对其进行系统的专业培训，使其准确理解预算绩效管理的含义、目的及意义，提升其具体实施预算绩效管理的工作能力，并将单位中长期发展规划与预算绩效管理相结合。对预算单位，要加强宣传，使其内部特别是领导和业务部门牢固树立预算绩效的理念，从而理解绩效、支持绩效、参与绩效。对社会公众，开展通俗易懂的预算绩效管理知识普及，使尽可能多的公众了解预算绩效、关注预算绩效，特别是监督预算单位绩效评价情况及评价结果的应用，从而推动预算绩效管理的真正落地。

（二）健全法律法规，强化基础保障

预算绩效管理不仅要有科学合理的顶层设计，也要有具体细化和量化易操作的法律法规。建议在《预算法》的基础上，建立专门针对预算绩效管理的法律法规，为全面实施预算绩效管理提供最为基本的法治环境。在法律、法规的基础上，政府制订相对规范统一的预算绩效管理流程和制度，明确预算绩效管理的实施主体以及参与部门、机构的职责等，规范操作细则。地方政府和财政部门根据本地区实际，研究制定符合当地特点的预算绩效管理办法。

（三）扩大评价范围，加大公开力度

在前期试点的基础上，进一步扩大预算绩效评价的范围，原则上所有预算资金的安排和管理都应纳入预算绩效考核体系，这一目标过去因为工作量太大而被视为理想化的愿景，而在信息化技术突飞猛进的今天则成为可能。同时，应进一步加大绩效信息的公开力度。从公共财政的角度讲，财政资金取之于民用之于民，所花的每一分钱都应当让公众了解。只有公众真正参与了预算，才能最为全面、真实地展现纳税人的需求，才能尽量减少预算与需求之间的差距，从而为政府预算决策提供最为客观的依据。因此，政府应最大限度地公开预算绩效评价的信息，不断提高预算绩效管理的水平。

（四）完善激励问责机制，变“要我绩效”为“我要绩效”

绩效评价可科学衡量地方政府和部门的执政水平，为政府自上而下考核和公众自下而上问责搭建了融合的平台，有利于政府部门全身心地为公众提供优质的公共服务。有效的激励问责机制是预算绩效管理成功实施的关键，而对人的问责是激励约束机制的核心。建议构建更为科学有效的绩效评价体系，建立具体的激励问责条例办法，明确相关预算绩效管理工作的责任主体，将预算部门（单位）相关岗位的奖惩与绩效管理结果相挂钩，细化奖惩标准，实行长效追责。财政部门在将评价结果与预算安排挂钩的同时，将预算绩效评价情况报同级政府和人大，为政府决策提供依据，为人大监督提供信息。通过激励问责，把资金使用从一种行政“权力”变为一种法律“风险”，让预算部门（单位）严谨认真地进行决策和申请资金、使用资金、管理资金，主动地、创造性地花好钱办好事，真正从“要我绩效”转变为“我要绩效”。

（五）加强信息化建设，数字赋能绩效提升

长兴县预算绩效管理工作走在全省前列，除了指标设置科学、精细之外，其大力推进数字化改革也做出了重大贡献。借鉴长兴县的成功经验，结合预算绩效管理的发展趋势，以数字赋能预算绩效管理势在必行且大有可为。下一步，加强预算绩效管理的信息化建设，应重点关注四方面内容。一是建立标准的指标信息库。借助信息化工具，通过横向、纵向比较，对行政事业单位数量众多的业务进行大数据分析，分部门、行业总结、提炼预算绩效的标准指标，为准确衡量财政资金使用的有效性提供科学依据。二是深入业务场景。全面预算绩效管理来源于业务，服务于业务，只有业财紧密融合，才能实现精准分析和预测，从而为决策提供有效的信息。这一过程要根据业务的发展变化，进行动态调整，持续改进，始终保持信息系统的生命力。三是要强化多部门协同。预算绩效管理不是财政部门一家的事，涉及人大、纪委监委、发改、审计等多个部门。要充分利于信息化技术，建立预算绩效管理监督系统，通过数据共享，为各相关部门提供实时、动态的数据，实现由周期性查阅数据转变为实时性掌握信息，由面上的总体监督转变为深层次、多角度的全方位监督，由事后监督转变为事前、事中、事后相结合的全过程监督，由侧重发现问题转变为侧重预防问题等。通过信息技术，实现部门合力，增强预算绩效管理的监督效果。四是扩大应用范围。预算绩效管理是建立现代财政制度的重要组成部分，是国家治理体系和治理能力现代化的一个重要工具，具有广泛的应用价值。下一步，要将绩效评价结果应用于更多的场景，通过多维度分析，为政府决策、国家治理提供科学的依据。

第四章

地方政府债务管理的探索

随着地方经济的发展、基础设施的建设、公共服务水平的提高，地方政府通过举债的形式来筹借地方建设资金，弥补财政缺口，这在一定程度上加大了地方政府债务的规模，也引起了社会各界人士的关注，如何有效化解地方政府债务也成为目前各级政府的一大难点。长兴县通过控制债务总量，降低债券成本、推进国企改革，做强国有资产、做大“收入蛋糕”，增强政府财力等具体措施让长兴债务率逐年得到优化。以此为契机，长兴县积极申报专项债券，保障重点项目建设、加快国企造血功能，提升国企融资能力、规范国企融资水平，降低债券融资成本、公开政府债务信息，建立有效监督机制、防范政府债务风险，完善政绩考核体制，实现地方债务使用管理可持续性。

一、地方政府债务历史的演变认识

我国的地方政府债务起始于 20 世纪 70 年代末，当时“让利放权”的体制改革使得各地各级政府通过举债的方式来弥补政府资金缺口开展各地的经济建设。1994 年后，《预算法》的实施与分税制的改革让地方政府财权进一步被削弱，事权与财权的不对等，让各地政府逐渐积累了较大规模的地方政府债务，投资需求与政府财力的矛盾也日益显现。2008 年，因为全球金融危机的关系，中央政府支持地方融资平台的组建，这也让地方政府债务得到了快速的增长。2014 年，新《预算法》的出台让地方政府债务的管理体制逐渐成熟起来，据财政部预算司、政府债务研究和评估中心的数据显示，2015—2020 年我国地方政府债务余额分别为 16.0 万亿元、15.3 万亿元、16.5 万亿元、18.4 万亿元、21.3 万亿元、25.7 万亿元。虽然目前总体债务在一系列有效化解防范地方债务风险的举措下基本可控，但是区域性风险和结构性风险仍需进一步关注。

（一）地方政府债务的定义概述

地方政府债务也通常被称为地方政府性债务，是指地方政府、公用事业单位、地方政府融资平台公司、经费补助事业单位等通过直接借入、提供担保、回购、拖欠等行为以及因公共交通、市政道路等公益性基础设施项目建设所形成的债务，有广义和狭义之分。广义的地方政府债务是指当地政府为履行其职能用政府的名义向外界其他非政府机构或个体借入、提供担保的各项债务。地方政府用债务人的身份，以自身的信用作为保证，以还本付息作为前提，进行资金筹集的一种债务凭证。狭义的地方政府债务是指当地政府所发行的一种地方政府债券；包括专项债券（收益债券）和一般债券（普通债券）。地方债券相对中央发行的国债而言，是以当地政府作为发债主体，根据其信用原则，以地方政府的税收能力作为还本付息保证的一种筹集资金的债务凭证。所以地方债券一般是指具有地方财政收入的公共机构或政府所发行的一种债券。

2016 年，根据《关于印发地方政府性债务风险应急处置预案的通知》，我国地方政府债务除了包括地方政府负有偿还责任的债务以外，还包括地方政府负有担保责任的债务和地方政府负有救助责任的债务。

地方政府负有偿还责任的债务，又被称为“一类债务”。这些一类债务主要是靠地方政府通过财政资金的形式来进行债务偿还，最常见的就是地方政府债券等。

地方政府负有担保责任的债务，又被称为“二类债务”。二类债务主要通过非财政资金来进行贷款偿还，比如通过地方融资平台公司给企业进行贷款，那么这些债务就必须由借债公司自有收入来进行偿还。

地方政府负有救助责任的债务，又被称为“三类债务”。三类债务主要是指地方政府融资平台等为了一些公益事业项目而产生的债务，从法律层面来看，这些债务对地方政府来说不具有强制性，一般不需要地方政府来承担偿还责任，但是如果债务公司无力偿还这些债务时，那么地方政府就有责任来提供一定的救助。

地方政府债务风险主要是指当地方政府因现金流问题而无法到期偿付本息所引发的偿债风险以及因偿债风险而导致的其他风险。通常情况下，考核地方政府债务风险主要通过债务规模、负债率、债务率等相关指标来进行考核。其中债务规模是以地方政府债务余额来衡量；负债率是以地方政府性债务余额与 GDP 之比来衡量；而债务率指标是以地方政府债务余额与综合财力之比来衡量，其中政府综合财力包括一般公共预算收入、政府性基金收入、中央转移支付和税收返还这三部分。

（二）地方政府债务的发展阶段

1. 地方政府债务扩张阶段

2008年全球金融危机爆发，国家出台了“4万亿”的货币政策来刺激我国经济增长，其中为了满足地方经济建设的投资需求，给地方政府配套资金达2.82万亿元，并且鼓励地方政府利用多种渠道来筹借资金，加大地方基础设施的建设。由此，为我国地方政府打开了全面举债的阀门。2009年，人民银行等发布《关于进一步加强信贷结构调整促进国民经济平稳较快发展的指导意见》，从政策层面上支持地方融资平台的发展，拓宽中央配套投资项目的融资渠道，因此融资平台的数量及债务规模均呈爆发式增长。同年，《关于印发2009年地方政府债券预算管理办法》的出台，突破了原《预算法》的限制，将地方债券正式纳入预算管理，并且明确发债主体为地方政府，这也正式开启了地方政府的举债之路。2011—2013年，地方政府债券发行额度分别为2000亿元、2500亿元和3500亿元，这一时期是地方融资平台为主要形式的债务扩张阶段。

2. 置换债大规模发行阶段

2014年，随着地方政府债务的不断扩张，地方政府负有直接或间接偿还责任的地方政府债务达到24万亿元，“投资—债务”的驱动模式难以为继，债务风险也不断凸显。之后，新《预算法》的出台，让地方政府可以采用自发自还的方式来进行举债，并接受预算约束。2015年，地方政府开始自主发行一般债券和专项债券，2015—2017年地方政府累计共发行新增债券3.39万亿元。针对2014年之前的存量债务，国务院《关于加强地方政府性债务管理的意见》（国发〔2014〕43号）（以下简称“43号文”）提出以2013年政府债务审计结果为基础，通过债务置换的方式来实现对地方政府负有偿还责任的债务“显性化”，并用3年的过渡时期来缓释政府的债务风险。2015年至2018年共发行置换债券12.16万亿元，存量债务基本置换完毕，减轻了政府的债务压力，但是存量债务的问题没有得到根本解决，多种隐性举债方式就开始兴起了，如在PPP项目融资、政府购买服务以及政府投资基金的过程中，不规范甚至违法违规的举债行为导致了隐性债务规模的迅速扩张。2017年《关于进一步规范地方政府举债融资行为的通知》等政策文件的发布，对地方政府违规注资、承诺、担保行为再次进行了规范和约束，这一时期是地方政府债务疏堵结合的整顿阶段。

3. 地方专项债券发展阶段

2017年，中央政府开始将专项债券提上议程，大力发展地方政府的专项债券。随着《关于试点发展项目收益与融资自求平衡的地方政府专项债券品种的通知》出台，要求加快建立专项债券与项目资产、收益相对应的制度。2018年，面对强监管、去杠杆及中美贸易摩擦带来的挑战，《关于做好地方政府专项债券发行工作的意见》提出要加快专项债券的发行和使用进度，这让专项债券稳投资、扩内需、补短板的作用被进一步强化。2019年，《关于做好地方政府专项债券发行与项目配套融资工作的通知》，允许将专项债券作为重大项目的资本金，并扩大其在民生、基建等领域的使用范围。2020年，国务院允许将专项债用于项目资本金的比例从20%提高至25%，并在新增专项债中安排了一定额度来补充中小银行的资本金。2018—2020年，地方新增专项债累计发行7.25万亿元，占同期地方新增债累计发行额的74.6%，债券品种扩充到40多种，有效保障了重点领域项目的合理融资需求，地方债也成为地方政府筹集资金的主流，这一时期是地方专项债快速发展时期，也是地方政府债务合规发展阶段。

二、地方政府债务管理的现状

长兴县经济发展非常快，所以债务体量比较大，债务负债率也比较高，位于湖州市前列。随着“43 号文”等一系列政策的出台，长兴县开始加强政府债务的管理，尤其从 2016 年开始，长兴县政府债务率逐年下降，目前已达到了绿色安全区域。

2016 年，根据新《预算法》等有关地方政府性债务管理要求，将政府债务收支纳入预算管理，按规做好地方政府债券置换工作。因此，长兴县政府全面加强了债务管理，同时还强化了地方政府债务预算管理，通过政府债券置换、发行公司债、推进 PPP 项目实施等多渠道融资和建立资金池等措施，严格进行债务“双控”。截至 2016 年 12 月底，长兴县地方政府债务率为 147.3%，但是较 2015 年年末而言，政府债务基本得到控制，初步形成了程序科学、运作规范、监管严格的管理体制。

2017 年，根据《中共浙江省委办公厅浙江省人民政府办公厅关于严控地方政府性债务的意见》等相关文件，长兴县政府积极采取“控总量、降成本、拉年限、调结构、降债务”五步法来加强债务管理。同时通过建章立制，规范操作，依法依规来推动政府与社会资本合作（PPP 模式）项目，并以盘活存量资金、把控资金用途来规范债务管理。2017 年年底，长兴县地方政府债务率下降至 98.1%，高风险地区“摘帽”，预警也从红色调到了黄色警示，属于中风险地区。

2018 年，长兴县被浙江省财政厅作为全省化解地方政府债务风险先行先试四个样板县之一，先于其他县区编制了《隐性债务五年化债方案》，为全省开展防范化解地方政府性债务风险专项行动作了较好的示范，并在全省率先制定出台《长兴县地方政府隐性债务风险应急处置预案》，为牢牢守住不发生区域性、系统性风险打下了扎实的工作基础。同时按照“五坚持、五确保”要求，严防债务风险。2018 年年末，长兴县地方政府债务率继续下降到 69.8%，进入绿色区域（债务率 95%以下属于绿色安全区），基本通过控增量、化存量、调结构、强监管等措施处理好了发展与化债、减债与融资的关系。

2019 年，根据中央、省、市关于防范化解地方政府隐性债务风险的要求和长兴县《防范化解地方政府隐性债务风险专项行动实施方案》的具体安排，落实防范风险预案，评估债务风险状况，及时发现、报告债务风险，并强化应急处置。通过增强财力，压减支出，做大一般公共预算收入，积极稳妥归还到期一般债券等措施。2019 年年末，长兴县地方政府债务率持续下降到 47.8%，比 2018 年下降近 22 个百分点，继续保持在绿色安全区，并进入优化区域。

2020 年，继续贯彻落实中央、省市关于管控和化解地方政府性债务要求，规范政府举债融资行为，坚决制止各类违法违规举债。进一步强化债务风险评估和预警，构建管理规范、风险可控的政府性债务管理机制，同时积极有效应对各项审计、督查、检查，并且加强力量的调配，增强相关人员债务化解的专业能力和水平，妥善资金的统筹调配，确保资金平衡。

三、地方政府债务风险化解的具体方式

长兴县政府债务率从红色预警（147.3%）到黄色警示（98.1%），再到绿色安全（69.8%），最后到优化区域（47.8%），只用了短短 4 年的时间，实现了 2016 年、2017 年、2018 年、2019 年四连降的奇迹。

其化解手段主要是通过向上增加财力、压支出挤财力、促发展增财力等多种途径使地方政府债务率逐步得到优化。

（一）控制债务总量，降低债券成本

长兴县政府通过完善债务管理，优化债务结构来缓解国企偿债压力，切实降低债务风险。一是以“高成本债务置换为抓手，加强国企与金融机构对接，加快债券、银行等融资项目落地，重点对非标类存量高息债务分批有序置换，降低融资成本和非标债务的占比。截至2020年12月31日，长兴县属“4+3”国企节约年成本约3.52亿元。其中四大集团（城投集团、交投集团、文旅集团、金控集团）节约年成本2.53亿元；3家园区管理公司（长兴经开、南投、环太湖）节约年成本0.99亿元。二是通过源头加强对债务的统筹管理，严格控制债务规模。一方面控制一般债务的规模，除了苕溪清水入湖河道整治工程（长兴段）和合溪水库工程外，截至2019年年末未增加其他一般债券。另一方面积极争取专项债资金，通过各部门、单位上下联动，通力合作，获批新增地方债券，有效保障了重点项目的建设并缓释了到期的偿债风险。三是强化部门协调，积极向上争取再融资资金。根据提前摸排，长兴县政府通过积极上报及争取再融资债券，有效缓解了债券还本压力。同时紧盯银行的利率窗口，与政策性银行加强合作，积极争取融资主动，并把国有企业面上利率的综合成本从2015年的9%左右下调至现在的5%左右，降低了融资成本。

（二）推进国企改革，做强国有资产

以推进国有企业转型发展为重点，优化整合资产资源，实现企业平稳有序发展和资产的保值增值，向做大做强做优的目标迈进。一是精心

谋划，全面推进长兴县国资国企改革。根据改革方案，抓好新组建四大集团的推进落实工作。整合纳入住建、城管及其他县属城建类相关资产及股权等，新组建城投集团；整合纳入交通基础设施建设及其他县属交通类相关资产及股权等，新组建交投集团；将长兴县的文化资产与旅游资产进行合并，整合文化旅游资产资源，新组建文旅集团；整合全县金融投资、科技等资产资源及股权，新组建金控集团。二是整合优化国有资产分配布局，助推四大集团做大做强。将全县行政事业单位下属的国有企业根据资产性质和业务，通过股权划转的形式，分批注入相应集团公司，比如将县商务局下属县生猪定点屠宰服务中心股权全部无偿划转给交投，将民政局下属民福投资发展公司股权无偿划转给城投，将原综合执法局县停车位资源无偿划转给城投。截至 2020 年年末，通过多种形式已向融资平台注入 189. 17 亿元资产，净资产达 139. 17 亿元，广告位有 63 个点位，停车位有 6037 个，苗圃绿化资产有 4. 2 亿元，水库资产有 18. 97 亿元。通过股权及资产资源的注入，进一步做大做实三大园区管理公司和四大集团的资产质量和资产总量。三是强化监管，推进国有企业规范运行。理顺政府与集团公司的关系，构建“县国有资产管理委员会及其办公室—集团公司—下属子公司”多层次的国有企业监管体制。县国资委及其办公室履行对全县国有企业的监管职责，政府成立外派监事会，与县纪委、审计、行业主管部门等加强对国有企业的外部监督，母公司加强对子公司的监督管理，不断完善产权管理、统计评价、审计监督、风险管控等基础管理制度，全面规范国有企业管理。

（三）做大“收入蛋糕”，增强政府财力

长兴县政府在“十三五”规划期间，以围绕“保第一”的目标，优质高效组织财政各项收入。一是明确发展定位，加快市场化运作。拓宽市场化渠道，探索市场化运营机制，鼓励企业采取经营权转让、股权

合作、PPP 等合作模式，多渠道、多方位地利用和吸引社会资本，全力推进国有资产证券化。目前国资拥有两家新三板挂牌公司，分别是长兴百叶龙文化股份有限公司和大唐贡茶院发展公司，借助企业上市，打造品牌影响力。同时交投集团顺利成为湖州市首家拥有“AA +”级信用等级的县级国有企业，并成功实施了全县第一单资产证券化项目，提升了国有企业的运营能力。截至 2020 年年末，四大县属国企实现主营收入 18.33 亿元，增幅达 60.23%。二是创新思维，压减支出，增强财力。一方面规范财政管理，严格压减和控制一般性支出，非重点项目、非刚性支出压减不低于 12% 的幅度，日常性的公用经费支出压减不低于 5% 的幅度，截至 2020 年 12 月底共压减金额达 4 亿元。另一方面通过盘活基础设施、房产、闲置土地等资产，加速资金回笼，并且多方位促进实体经济的转型，加快各资源的开发利用，全力增加长兴政府财力。据长兴县人民政府官方数据显示，长兴财政收入逐年稳定增长，基本年均保持在两位数以上的较高收入增幅。各年均财政收入总量位列湖州市三县两区的首位。财政总收入从 2016 年的 79.08 亿元提升到 2020 年的 121.76 亿元，增长了 53.97%。三是不断优化财政收入结构。一般公共预算收入从 2016 年的 45.46 亿元到 2020 年的 67.56 亿元，增长了 48.61%。全县一般公共预算收入占财政总收入的比重为 55.48%，税收收入占一般公共预算收入的比例为 93.92%，地方可用财力得到有效保障。

（四）加强债务置换，降低债务成本

为了缓解地方政府债务还本付息压力，降低债务成本，防范地方政府债务风险，新的《预算法》实施以后，我国从 2015 年起先后 4 年发行置换债券，对地方债务到期的债务进行置换，2015 年发行了 3.2 万亿元、2016 年发行了 4.88 万亿元、2017 年发行了 2.77 万亿元、2018

年发行了1.73万亿元。置换债务的特点是时间长，有3年、5年、7年、10年等不同年限，同时利率低，年利率大体在3.5%—4%，大大降低了地方政府的债务负担。长兴县抓住转换债券的机遇，积极向省财政争取转换债券，置换高成本债务等举措，优化债务结构，降低融资成本。2016年度节约资金20亿元，2017年度节约资金6.98亿元，2018年度节约资金7.74亿元，2019年度1—9月节约资金6.02亿元，地方政府债务得到有效缓解。

四、优化地方政府债务管理的建议

加强债务管理是为了防范债务风险，同时防范债务风险是为了更好利用债务，按照“开前门，堵后门”，规范债务使用管理的要求，长兴县必须把规范地方政府债务管理作为长期的政策举措，在防范风险的前提下，用好地方政府债务，确保债务发展的可持续性。

（一）规范债务使用管理，夯实地方政府债务管理基础

1. 加强债务限额管理

合理控制政府债务规模，对政府债务严格实行限额管理，严格限定政府举债程序和资金用途，确保政府债务率控制在安全区域。

2. 加强隐债化解，严防新增隐债

保持高压监管态势，将严禁新增隐性债务作为红线、高压线，坚决遏制新增隐性债务。牢固树立“底线思维”，加强预算管理，统筹安排偿债资金，盘活国有资产，推动国企降本增效，全面落实化债工作举措，完成3年化债计划。

3. 完善乡镇“关闸门”体系

乡镇所属子公司实际管理权限彻底移交给母公司，乡镇与原子公司完全剥离，做到控股权和管理权保持一致。在市场化运作的前提下，公司与乡镇进行委托代建、项目开发等合作事宜。加强对原乡镇子公司资产资源、债权债务、收支状况、财务运作等管理，根据业务需要有效撤并部分子公司。母公司统筹资金调度，加强资金管控，切实防范风险。

4. 加强专项债申报管理，实现全生命周期管理

实施科学统筹规划，实行专班协调运作。动态分析新常态下的专项债券政策精神，精准聚焦重点支持领域，专班成员单位主动作为、充分沟通协调。建立定期新增债券支出进度通报制度，督促项目部门落实项目主体责任，在依法合规、确保工程质量安全的前提下，加快专项债券资金支出进度，尽早形成实物工作量。强化风险防范，加强债券资金穿透监管。对债券资金实施“借、用、管、还”全过程全方位监管，切实保障资金落实到项目，严禁债券资金用于负面清单，严禁“一拨了之”，严禁挪用占用资金。

（二）积极申报专项债券，保障重点项目建设

1. 提前谋划，高位推进

长兴县财政要高度重视专项债的项目申报工作，牵头实施并组建县级专项债工作专班，加强统筹协调和专项债项目的储备管理。要提早启动第二年的专项债券项目申报和争取工作，与发改及各业主单位要共同梳理摸排入库项，进行分批次报送。并且定期召开专班会议，听取专项债申报发行进展及协调存在问题，加强培训指导，分类谋划，力争储备一批、发行一批、接续一批，形成拉动县域经济的长效机制。

2. 部门联动，通力合作

要加大向上级争取的力度，争取获得更多额度的专项债券资金。在

政策支持和项目申报上进行积极谋划，争取更多的专项债券和转移支付资金。在财力可以承受的范围内去加快推动新项目的规划和申报，同时还要引入专业服务团队、建立高效协作机制，与相关银行建立政府专项债申报发行战略合作，并派专业团队驻点指导长兴县专项债申报工作，引入专业会计师事务所和律所辅导业主单位出具专项债发行必须上报的“一案两书”。各部门、单位做到上下联动，通力合作，全县“一盘棋”，统筹推进项目落实。

3. 保证质量，加强监管

对各业主单位的财务要加强指导，要求专项债资金严格按规定用途使用，确保专款专用，并监督各建设单位要切实履行主体责任，抓好项目前期、项目开工、项目推进工作，加快项目实施和债券资金的使用，尽快形成实物工作量，确保债券资金真正落实到项目建设上，发挥专项债券资金拉动投资的积极作用，把积极财政政策落到实处。

（三）加快国企造血功能，提升国企运营能力

1. 集中优势资源，发展主营业务

推动四大集团、三大园区公司、原乡镇公司向实体企业转型，聚焦主责主业，优化整合国有资产的分配布局，健全完善市场化的经营机制，并制定中长期的发展规划，提高国有企业核心业务能力和市场竞争力，形成有效产业支撑，创造稳定的营业收入和现金流，提升自身“造血”功能。

2. 盘活整合资源，加快转型步伐

对全县经营性资产进行再梳理、再摸排，并按照产业相近、行业匹配等原则划转给有关县属企业，进一步夯实市场化转型基础，加大对闲置资产的处置力度，千方百计做实做优资产。并加快推进市场化运作项目的建设，以经济效益为主要目标，以项目为抓手，全力做好市场化项

目的建设。引导督促国有企业能真正建设出一批市场化程度高、主业又突出、经济效益又好，带动作用又强的项目，全力加快国企市场化转型发展，真正为实现做大做强做优的目标奠定坚实基础。

3. 攻坚信用评级，提升融资能力

要突出并利用好国家政策窗口期，优化国有企业的融资结构，大力提升融资能力。统筹谋划发展，明确下一步推进信用评级的目标和举措，争取信用等级提档升级，进一步增强企业融资能力，增强全县国企信用体系，降低融资成本。

（四）建立国企融资机制，规范国企债务管理制度

1. 完善年度投融资计划编制

各国企要根据县委县政府重点项目建设以及自身发展需要，认真编制年度投融资计划，计算融资成本，做好风险评估，明确资金用途与方向；要全面反映企业上年年末债务余额、可用债务资金余额、当年融资需求、债务支出用途、需偿还的债务本息及偿债资金来源等重要信息。并严格按照审批通过的投融资计划规范全年投融资行为。

2. 规范融资举借、担保程序

用于市场化项目投资的新增融资，在按《长兴县县属国有企业投资管理办法》实施的同时需制定并上报融资方案向县国资办、投融资服务中心备案。县属国有企业严禁向非国有企业提供担保，坚决制止违规担保事项。

3. 完整制定融资偿债计划

各企业在编制投融资计划的同时要结合实际，制定详细的偿债计划。偿债计划应包括贷款单位、贷款总额、贷款年限、贷款利率、偿债时限、每次偿还的本金和利息、偿债资金来源、责任人等。各企业应建立还本付息台账，加强贷款合同管理，合理筹集资金，及时偿付到期的债务。

4. 加强债务资金使用管理

各国企要严格按照融资贷款的用途合理使用债务资金，及时、准确地掌握债务资金使用情况，严防项目资金被挤占挪用，严禁债务资金长期闲置，不断降低成本，提高资金使用效益。储备的存量资金应严格按照《长兴县国资办关于进一步规范县属国有企业资金存放等财务事项管理的意见》进行存放和管理。

5. 严格控制企业融资成本

各国企和有关部门要加强融资成本的管控，实行融资机构利率比选制度，进一步降低融资成本，原则上企业融资综合成本最高不得超过县投融资服务中心制定的利率标准上限。

（五）公开政府债务信息，建立有效监督机制

1. 严格遵循公开原则

长兴县要参照省、市政府债务信息公开标准，通过拟定可行的工作措施，坚持以公开为常态，不公开为例外，谁制作、谁负责、谁公开，按时在地方政府门户网站上进行公开工作，确保公开内容突出重点、真实、准确、完整和及时。

2. 严格把关公开内容

规范债务信息公开内容，坚持债务信息随同预决算信息一并公开，细化地方政府债券发行安排、发行信息、存续期及其他重大事项等相关内容，同时，还要严格按照政府债券资金“谁使用、谁公开”的要求，通过召集相关部门及县属国有企业召开专题布置会，明确债券使用单位的公开责任。

3. 严格接受公众监督

长兴县要全面推进地方政府债务信息“阳光化”，充分发挥社会公众对地方的举债融资的监督作用，这对打好防范化解重大风险攻坚战、

构建债务管理规范有序的“防火墙”、实现经济社会可持续健康发展具有重大的意义。

（六）加强日常监管，完善债务风险管理机制

1. 完善债务风险预警机制

要做好政府性债务风险评估和预警工作，及时实施风险评估和预警，定期测算债务率、偿债资金保障倍数、利息支付率等风险预警指标，做到风险早发现、早报告、早处置。并将政府及其部门与其他主体签署协议，承诺用以后年度财政资金支付的事项，纳入监测范围，防范财政风险。县政府定期排查风险隐患，防患于未然。

2. 完善风险应急处置机制

要落实政府性债务风险应急处置预案，各融资主体相应建立债务应急处置预案，分类制定处置措施，有效应对突发债务风险；根据县政府制定的地方政府隐性债务风险应急处置预案，各债务主体应制定本单位政府隐性债务风险应急预案，根据具体情况，增加风险评估和预警指标，加大风险评估和预警频次，加强隐性债务的精准化管理。为牢牢守住不发生区域性、系统性风险打下扎实的工作基础。

3. 实行重要事项报告制度

要定期向县委、县政府、县人大财政经济委员会等报告政府债务管理，说明政府债券的发行使用、规模结构、资金投向、资金管理、项目运行、项目建设和债务风险等情况，确保债务使用的规范，风险的可控。

4. 实行债务定期核查

要加强对全县乡镇债务核查，压实主体责任，对检查发现的风险隐患，由县政府督察室进行通报，并严格按照要求落实整改，并定期向县政府报告整改进度和结果。严格落实问责办法，对发生违规举债、新增

隐性债务的，予以严肃问责。

5. 健全债务考核机制

对全县乡镇、园区制定《债务管理季度、年度考核办法》，就债务总量、增量、专项债管理、债务管理工作执行等指标情况进行考评，纳入县对乡镇、园区综合考核。对县属国企制定《债务管理年度考核办法》，就债务总量、增量、平均融资成本、债务结构等方面进行考评，纳入国资国企综合考核。

第五章

地方融资平台实体化转型的探索

地方融资平台是我国特殊时期财政体制下的一种组织创新产物，在地方经济和城市建设中承担着非常重要的角色。随着政府对地方融资平台提出监管严格化和运作规范化的要求后，各地方平台公司都面临着市场化的转型升级。长兴县以四大集团融资平台的改革为抓手，聚焦主营板块，加强平台企业化管理、强化盈利项目，选择合理化融资方式、提高竞争优势，建立市场化激励体制，为地方融资平台科学化持续发展和实体化转型升级提供可推广的模式。

一、融资平台实体化转型改革的认识

1994 年，分税制财政体制改革后我国地方政府出现了财权和事权不匹配的现象，即地方政府在承担大量公共事务支出的同时，又削弱了地方政府的财力。外加转移支付制度的不完善也直接影响了地方政府原本的财力。因此，在地方政府体制改革和负债机制转换相对滞后，地方可用财力不足，财政缺口加大的情况下，地方政府融资平台应运而生。地方融资平台作为一种地方层面的组织创新，有效缓解了地方政府财权与事权不匹配的矛盾，是我国特殊财政体制下的特殊时期的产物，也是地方政府面对财政压力的一种变通策略。随后，工业化和城镇化建设的不断加快使得地方政府的融资需求也在不断加大，进而不断涌现出更多的地方融资平台，为地方经济和城市建设提供相应的资金支持，着实为我国城市基础设施建设发挥了无比重要的作用。同时，地方融资平台也被视为打开中国现行城市化模式的一把关键钥匙。

（一）地方政府融资平台的定义概述

2010 年 6 月，根据国务院颁发的《关于加强地方政府投融资平台管理有关问题的通知》，首次官方对融资平台进行了明确的定义。地方融资平台是指由地方政府及其部门和机构等通过财政拨款或注入土地、股权等资产设立，承担政府投资项目融资功能，并拥有独立法人资格的经济实体。

2010 年 7 月，根据财政部、发展改革委、人民银行、银监会《关于贯彻国务院关于加强地方政府投融资平台管理有关问题的通知相关事项的通知》，进一步明确了地方政府融资平台的概念。地方政府融资平台是由地方政府及其部门和机构、所属事业单位等通过财政拨款或注入土地、股权等资产设立，具有政府公益性项目投融资功能，并拥有独立企业法人资格的经济实体，包括各类综合性投资公司，如建设投资公司、建设开发公司、投资开发公司、投资控股公司、投资发展公司、投资集团公司、国有资产运营公司、国有资本经营管理中心等，以及行业性投资公司，如交通投资公司等。

2011年6月，中国银行业监督管理委员会（以下简称银监会）发布《关于地方政府融资平台贷款监管有关问题的解释》，定义地方融资平台是由地方政府出资设立并承担连带还款责任的机关、事业、企业三类法人。

可见，地方融资平台是由地方政府发起，通过划拨土地、股权等方式建立的能够达到融资标准的地方国有企业或企业集团，通常以城建投资公司、资产管理公司、交通投资公司和土地储备公司等形式存在。承担着当地政府融资的职能，借助地方政府的信用担保，以财政补贴为还款承诺进行贷款、发债等融资行为来获取资金。所筹集的资金大多用于市政建设、公用事业等项目之中，如经济园区的建设、大型城市设施的建设等项目，从而达到改善当地经济设施和服务水平，提高居民生活水平的目的。

（二）地方政府融资平台的发展历程

1. 萌芽起步阶段

20世纪90年代，投融资体制、分税制等体制改革导致财权事权错配，促进了地方融资平台的诞生，地方政府通过平台公司融资得到资金支持基础设施建设和经济发展。1992年国内第一家融资平台公司——上海城投成立。随后重庆、广东等地的城投公司相继成立。这个阶段，平台公司只是个载体，自身并没有资产，主要由财政部门和建委共同组建，公司资本金和项目资本金由财政拨款，其余通过财政担保向银行贷款。1995 年，《中华人民共和国担保法》（以下简称《担保法》）出台后，规定财政不能担保使得平台公司丧失资金来源，发展一度陷入停滞。

2. 渐进发展阶段

1997 年，亚洲金融危机给地方融资平台的发展带来了第一波的契机。当时宏观环境不稳定，地方融资平台想要获取基础设施建设资金最常用的方法就是通过地方政府的信用来向银行申请贷款。2004 年，国务院发布《关于投资体制改革的决定》，以及 2005 年《短期融资券管理办法》出台，默许了地方融资平台的发展。同时，商业银行的兴起和发展，为“政府—地方融资平台—银行”的合作奠定了基础，这让平台公司的发展又更进了一步。

3. 繁荣发展阶段

2008 年，全球金融危机爆发，国家推出“4 万亿”货币政策，大力支持地方投融资平台发挥主导作用。次年，中国人民银行与银监会联合发布《关于进一步加强结构调整促进国民经济平稳较快发展的指导意见》，提出支持地方政府组建投融资平台，并通过发行企业债、中期票据等融资工具拓展配套资金渠道，用基建投资拉动 GDP 增长。据统计，地方融资平台从 2008 年的 3000 家到 2009 年的 8221 家，仅仅一年多的时间，增长了 1.7 倍，地方融资平台得到了快速发展。

4. 转型改革阶段

2010 年，《国务院关于加强地方政府融资平台公司管理有关问题的通知》的出台让平台公司进入清理整顿期。随后，多个监管规范政策出台对融资平台公司进行有效监管。2014 年，《关于加强地方政府性债务管理的意见》规定，剥离融资平台公司政府融资职能，融资平台公司不得新增政府债务，这一制度给地方融资平台转型改革提供了参考。

之后，监管层陆续出台政策限制地方融资平台扩张。2018 年资管新规的出台让平台公司与地方政府脱钩，加快了地方融资平台市场化转型的节奏。

（三）地方政府融资平台的运行特点

1. 地方政府宏观管控作用显著

地方融资平台转型前完全隶属于当地的政府，不能算市场化的现代企业，且向金融机构所借的款项和所发行的公司票据或债券均是通过政府信用担保来获取的。因此，政府作为地方融资平台的实际控制人，既拥有对平台的监管权，又可以通过对平台领导层的任命、考核、管理来实现其管理职能。转型之后，地方融资平台面上逐步向现代企业市场化转型，对其相关职能进行了剥离，拥有了自主经营的能力，无论盈利还是亏损均由平台自身承担。但实际上，政府对平台的管控作用依旧非常显著，如融资平台在实际运作中会根据政府发展规划的需要来向银行申请贷款满足其基础设施建设的资金需求，作为回报，政府会通过划拨土地为其担保，而这些项目又大多偏向于公益性，因此，融资平台其本身还款能力是较为薄弱的，一旦平台出现债务危机，还是要依靠地方政府利用一些补救措施来解决。从这一角度来看，地方融资平台和政府之间还是有较高关联度的，其市场化、独立化的运作有待加强。

2. 项目具有公益性或准公益性

融资平台融资项目大致可以分为三类：第一类是只有投入没有产出的一些基础性公共设施建设项目，比如轨道交通建设、大型桥梁建设、防洪设施建设等；第二类是收入与支出平衡的一些准公益性的基础设施建设项目，如住宅建设等项目；第三类是产出大于投入，可以进行市场化运作，实现营利性的一些设施建设项目。据相关数据显示，平台贷款中大约 60%—70% 的项目具有公益性或准公益性，项目本身不具有现金流，或是现金流根本无法偿还本息，只能用以贷还贷的形式，或是通过政府的财政资金来进行还款。

3. 融资平台信息公开程度不高

大部分的地方融资平台在信息披露方面并不透明，其原因一是因为我国法律制度对地方融资平台的管理约束还不够完善，在预算管理方面也未做到对平台债务的全面覆盖，使得融资平台缺乏必要的约束和监管；二是因为融资平台在成立初期往往普遍存在注册资本不足、现金流短缺等现象；三是因为平台资产负债率普遍偏高，有些平台的负债率甚至达到80%以上。在这种情况下，信息披露方面往往采取“能不披露就不披露，能少披露就少披露”的策略，最后导致其信息公开程度普遍偏低。

（四）地方政府融资平台的转型意义

1. 促进国有企业改革

大部分的地方融资平台均为国有独资型企业，拥有多种类别的政府性资产，因此存在行政干预过度的行为，对地方融资平台的管理质量造成一定的影响。所以地方融资平台进行市场化转型升级，不仅可以促进国有企业管理机制的完善，还可以对平台进行准确的市场定位，提高资本配置效率，顺应国企改革政策的趋势。

2. 防范融资平台风险

传统型地方融资平台缺乏规范性操作，如违规担保、重复抵押等行为较为普遍，缺乏风险防范意识，从而导致资金链断裂、违约等现象频频发生，使得平台信用急剧下跌。随着中央相关监管文件出台后，引导和督促融资平台进行转型升级，全面落实了平台的监督管理机制，使得融资平台的风险得到了进一步的控制。

3. 提升平台融资能力

地方融资平台进行市场化转型，不仅可以将所投项目的预期收益、项目风险、项目周期与融资方式进行合理搭配来降低债务风险，还可以保证偿债能力来提升平台融资信用，通过多个融资渠道来加强平台融资能力，进而合理维持项目的资金运作，保证各项目正常运行。

4. 推动城市有序发展

地方融资平台的转型可以有效控制扩张速度，从实际运营的情况来制定可持续的科学发展目标，以量入为出的基本原则，从资金源头入手，建立相应的监管机制，对贷款资金进行有效利用，从而保证基础设施项目的正常运行，让城市建设有序推进，改善当地经济服务水平，打造居民优质生活环境，提高百姓生活水平。

二、融资平台实体化转型改革的现状

长兴县为了深入贯彻国家和省市国资国企改革精神，全面落实党中央，浙江省委、省人民政府关于深化国有企业改革的总体要求和工作部署，进一步推进国有企业改革，提高国有资本配置绩效，做强做优做大国有企业，实现国有资产保值增值，以转变发展方式、激发内在活力、增强投融资能力、有效防范风险为改革目标，以推进运营模式、投融资模式等改革创新为着力点，以完善政策支持体系、绩效评价体系、风险监控和防范体系为保障，在 2018 年经县委同意，挂牌成立了长兴县人民政府国有资产监督管理办公室（以下简称县国资办），分别是国有企业改革和产权管理科和国有企业人事管理与绩效考核科。

2017 年底，长兴县委、县政府根据《中华人民共和国公司法》《中华人民共和国企业国有资产法》《企业国有资产监督管理暂行条例》和

《中共长兴县委办公室　长兴县人民政府办公室关于印发〈长兴县国资国企改革方案〉的通知》有关规定，拉开全县国企改革的序幕。按照资产同质、行业相关、产业关联的原则进行了强整合，组建四大国有企业，分别是城投集团、交投集团、文旅集团和金控集团，并与长兴经开、南投、环太湖三家园区管理公司，形成了长兴县“4+3”的国有企业格局。

（一）城投集团改革现状

1. 改革背景

长兴城市建设投资集团有限公司（以下简称城投集团）前身是长兴城市建设有限公司，在2007年由长兴县政府授权长兴县建设局下属事业单位长兴县城市建设发展总公司出资人民币50000万元成立的。2018年因发展需要，以原长兴城市建设有限公司为基础，对涉及的企业、股权、资产进行重组整合，成立了目前的城投集团。城投集团为县属国有有限责任公司，出资人为长兴县人民政府，由县人民政府授权长兴县国有资产监督管理办公室（以下简称县国资办）依法履行出资人职责。公司注册资本为人民币23亿元，出资方式为货币及实物资产。同时，将长兴清泉水务有限公司、长兴建设房屋开发有限公司两家公司的国有产权无偿划转给城投集团。并将长兴县城市建设发展中心持有的浙江长兴滨河实业有限公司8%股权、长兴县房地产管理处持有的长兴恒信拆迁有限公司45.45%股权、长兴县房地产管理处持有的长兴宏华市政建设有限公司45.45%股权无偿划转给城投集团。

2. 经营范围

城投集团经营范围：实业投资，城市基础设施建设、公用设施建设、土地整理和土地开发、企业管理咨询；户外广告发布、经政府授权的城市特许经营项目的投资、建设与管理，投资咨询、管理。主要负责城市建设投融资、区域开发建设、城建资产经营和公共服务，授权对所属的国有资产进行管理和经营，负责城市基础设施和社会公益设施的建设、开发、经营和管理，确保国有资产保值增值。

3. 管理运营

目前内设7个部室（1办6部）。在管理体制上，实行以资本为纽带的母子公司体制，旗下有建设房屋开发有限公司、长兴清泉、东鱼坊、莱畅城市设施管理有限公司等9家实际运作子公司。“乡镇关闸门”后，和平、林城、虹星桥3个镇平台公司的资产负债统一纳入集团管理。至2020年年底，城投集团总资产为633亿元，资产负债率为50%左右。目前，城投体系为“1+2+1”的信用架构模式，即一家“AA+”级，表内两家“AA”级公司，表外组织搭建一家“AA”级公司。

4. 业务板块

从成立之初的城市基础设施投资建设单一业务，发展为城市建设、城市经营、新业态三大主营业务板块，并有房地产开发、资产运营、建筑施工等9家专业运营公司，形成“3+9”的产业布局，产业发展能力、企业盈利能力基本形成。同时，主抓十大重点项目建设，分别是“蘭园”房地产项目、土地一级开发项目、合溪水库清淤项目、和平飞灰库项目、水务一体化项目、钢材综合市场项目、建筑施工项目、人才发展项目、“两慢病”全周期健康服务平台项目和5G通信设施项目。

（二）交投集团改革现状

1. 改革背景

长兴交通投资集团有限公司（以下简称交投集团）最早成立于1994年，由长兴县交通运输局出资设立，注册资本为人民币1000万元，其中固定资产出资300万元，货币资金700万元。2006年，注册资金增加至3亿元，其中增加的2.9亿元以实物方式出资。2012年，经审计后的净资产中的15亿元作为改制后的注册资本。2018年，以长兴交通投资集团有限公司为母公司，对其实际管理的子公司进行重新梳理，对于实际已无业务公司进行清理合并，其中保留3家交投集团出资但非实际管理子公司股权，分别为长兴保安服务有限公司100%股权、浙江长兴安顺化建民爆有限公司100%股权和长兴永畅物流建设开发有限公司20%股权，并将长兴南太湖投资开发有限公司86.68%股权无偿划转给交投集团。

2. 经营范围

交投集团主要经营范围：交通基础设施的投资、开发、建设、养护、经营和管理；新能源开发、现代服务业、能源矿产等产业投资。主要负责高速公路、高速铁路等道路和水上交通运输基础设施及商贸物流、能源矿产等相关领域的投资、开发、建设、经营、管理。

3. 管理运营

目前设立7个内设机构（1办6部）。在资产营收上，截至2020年末，资产总额达747亿元，营业收入达41亿元。在创新融资方面，2019年，在银企对接会上现场签约15个实体项目，总金额超5亿元；2020年2月，集团成功发行湖州区县首单小公募产品，发行总额4.8亿元；2020年4月，交投集团成功发行非公开公司债，募集资金总额5亿元；2020年6月在香港成功完成1.1亿美元公募美元债的发行。

4. 业务板块

交投集团目前已逐渐培育以“大交通”为主导，“1+4”多元产业经营体系，即“大交通”经营板块、矿产板块、贸易板块、文旅板块、土地资源开发板块。其中“大交通”经营板块包括交通基建（高速公路、高铁等）、交通运输（县城内公交旅游专线、浙北汽车综合服务城等）、交通物流（农副产品配送中心、智能仓储物流项目等）及交通能源（综合供能站、加油站、新能源充电桩等项目）；矿产板块包括长兴通润矿业、新增交投登峰矿业、新增船茅岕矿业；土地资源开发板块包括小浦合溪地块项目、煤山车站地块项目、老农批市场一期项目等；贸易板块包括以长兴主导产业纺织业、新能源产业等实体经济原材料采购的多元化贸易及有色金属、石油化工等物资贸易；文旅板块包括“十里银杏长廊”4A级景区建造等。

（三）文旅集团改革现状

1. 改革背景

长兴文化旅游发展集团有限公司（以下简称文旅集团）前身是长兴旅游集团有限公司，成立于2013年。2018年，县委、县政府为了加快旅游项目的整体开发建设和市场营销，整合全县旅游资源，以旅游集团为主体，将旅游集团和百叶龙公司合并，组建长兴文化旅游发展集团有限公司，注册资本为人民币1.3亿元，其中1.09亿元为货币资产和0.21亿元为实物资产，并将浙江百叶龙文化发展股份有限公司、长兴仙山湖旅游投资开发有限公司、长兴苏红体育发展有限公司3家公司的国有产权无偿划转给文旅集团。

2. 经营范围

文旅集团主要经营范围：实业投资、旅游项目开发；旅行社业务、景区经营管理、酒店管理；旅游管理服务、文化项目创意、文化艺术品（除文物）展示销售；会展服务、自有房屋租赁、土特产销售等。主要负责全县文化、旅游国有资产的经营和管理，旅游基础设施建设和休闲旅游、文化创意、住宿餐饮等相关领域的投资、开发、建设、运营。

3. 管理运营

目前注册资本人民币5亿元，下设7个内设机构（1办6部），拥有员工337人。截至2020年12月末，集团资产98.23亿元，信用等级为“AA”级，旗下6家一级子公司及13家二级子公司。实现独立核算、自主经营、自筹还贷、自负盈亏，同时，对外统一品牌、统一营销、统一管理、统一运作，着力培育“百叶龙”品牌优势，提高全县旅游产品的市场竞争力。

4. 业务板块

文旅集团目前下设文化产业运营和旅游产业运营两大板块，包括7个景区（陈武帝故宫、太湖博物馆等）、两家文化主题酒店（远方的家·东鱼坊店、远方的家·霸王潭店等）、两家文化公司（百叶龙文化艺术培训等）、1家商品公司（远方的家旅游商品有限公司）和1家四星级旅行社（浙江省中国旅行社集团长兴有限公司）。其营收主要来自3个方面：一是景区旅游的营业收入；二是文化板块的票房、电影片头广告业的营业收入；三是贸易标的物为建材、孰料及农产品的营业收入。

（四）金控集团改革现状

1. 改革背景

浙江长兴金融控股集团有限公司（以下简称金控集团）原名浙江兴长资产经营有限公司，初始注册资本5亿元，在2011年由长兴县财政局出资组建。2016年，通过资本公积转增资本的方式增加实收资本5亿元，并将浙江太湖新城实业投资有限公司划入长兴金融控股集团有限公司，更名至长兴金融控股集团有限公司。2017年，变更为“浙江长兴金融控股集团有限公司”，同期浙江长兴环太湖经济投资开发有限公司、长兴县诚信中小企业担保科技有限公司、长兴县农业发展担保科技有限公司、长兴太湖产业投资基金合伙企业无偿划入浙江长兴金融控股集团有限公司所有，总资产突破500亿元。

2. 经营范围

金控集团经营范围：县人民政府授权范围内资产的管理、收购、实业投资；企业重组、兼并的策划、代理；资产管理、投资管理、投资咨询、股权投资、财务咨询、物业管理（以上除金融、证券、期货、保险等前置许可项目，未经金融等监管部门批准，不得从事向公众融资存款、融资担保、代客理财等金融服务）。集团的主要任务是服务全县重点产业平台的土地开发整理，专业管理政府产业基金，用金融产品专业服务于全县产业和经济发展。

3. 管理运营

目前金控集团注册资本20亿元，下辖环太湖、太湖新城、太湖图影、泗安永隆、画溪新城等5家平台子公司，其中3家已获得“2A”级信用评级。设有金控股权、兴长股权两家政府产业基金管理公司，设有诚信担保、金控民融等7家类金融服务公司。

三、融资平台实体化转型改革的成效

（一）以改革为主线，夯实国企发展基础

为了做优做大做强四大集团的资产，增加后续发展动力，县委县政府围绕“将全县经营性资产资源向县属重点国有企业归集”的目标，全力推进县域经营性资产资源股权向四大集团进行划转。目前通过多种途径已注入资产189.17亿元，净资产139.17亿元，停车位6037个，广告位63个点位，水库资产18.97亿元，苗圃绿化资产4.2亿元。通过资产资源及股权的注入，进一步做实国有企业的资产总量和资产质量，提升县属重点国企的市场竞争力。同时，从战略性角度出发，推动国有企业之间按照产业相关、行业相近的原则，采取资产重组、无偿划转等方式，理顺股权关系，全面提升我县国有企业资源配置效率。如，2020年底，将长兴县永兴建设开发有限公司9.53%的股权从县交投集

团划转给县城投集团，这样即有利于永兴公司的长远发展，也有利于县城投集团做优城市建设运营主营业务板块，更有利于县交投集团专注交通建设、交通运输、交通物流的大交通主业做强做大，与此同时，还对县域国资国企改革起到了良好的推动作用和示范效应。

（二）以效益为导向，增强国企营利能力

一是优化国有资本布局，提升“造血”功能。加快国企政府融资平台向实体化企业转型，积极推进市场化项目发展，形成有效产业支撑，增强核心业务能力和市场竞争力。如城投集团强势推进城市建设、城市经营、新业态三大业务板块。2021 年的房地产项目、学校项目、水务项目都有比较大的发展；交投集团突出“大交通”发展板块，主要围绕交通基建、运输、物流、能源等六大方面做大做强主营业务板块，2021 年长宜高速项目已实现全程通车，主营收入实现较大增长。二是提升平台信用评级，增强企业信誉。积极推进四大集团评级提升工作，企业评级的提升，可以极大地增强企业信誉，从而提高企业在公开市场的融资能力。三是优化企业融资结构，降低融资成本。把高成本债务转换工作列入国有企业综合考核重要内容，出台高成本债务转换考核细则以及考核评分办法，督促各集团抢抓政策窗口期，积极优化融资结构，切实降低融资成本。同时下发《关于进一步做好高成本债务置换的通知》，明确要求各县属国有企业对成本 8.0% 以上非标类存量债务进行分批有序置换，降低非标债务占比。2020 年降低成本约 2.2 亿元。

（三）以混改为契机，激发国企发展活力

按照分类分层、稳步推进的原则，利用混合所有制改革，引入民营资本，增强国企竞争力，同时探索混合所有制企业监管模式，构建科学

的企业股权结构，既增强企业经营活力，又实现企业良性发展。目前共完成 23 家企业的混改，取得较明显的混改成效。分层分类深化混合所有制改革。2021 年制定《关于明确县属企业功能定位实施分类监管意见》，指导国有企业根据不同功能类别、规模大小、盈利能力等情况，“一企一策”研究深化混合所有制改革计划，竞争类企业原则上应全面实施混合所有制改革。

（四）以创新为引领，健全国资监管体系

一是完善了一套符合长兴国企实际的制度体系。根据县级国企的实际情况，结合中央、省市的政策要求，相继出台了《四大集团的组建职责和发展方向》《关于进一步加快四大集团发展的若干意见》《长兴县人民政府办公室关于印发长兴县属国有企业投资管理办法的通知》《长兴县属国有企业“三重一大”决策制度实施办法》等 10 多个国资监管配套办法，从源头上规范了企业运行和发展。二是构建了一套“一企一策”的考核体系。自 2018 年以来，县委、县政府以绩效考核为指挥棒，在突出利润效益、主营收入、融资成本等经济指标的同时，结合每个集团的主营业务、现有体量及发展实际，为每个集团量身定做年度考核责任状，并由县委县政府主要领导与四大集团董事长和总经理共同签订责任状。四大集团对下属市场化运营子公司出台绩效考核办法，形成“县政府考核集团公司、集团公司考核子公司”的考核架构体系，一级对一级负责，一级对一级考核。形成由国资办与行业主管部门、母公司、下属子公司构建的三层考核架构体系，逐级负责、逐级考核，真正做到绩效考核全覆盖。三是形成了一套规范的人事管理体系。出台了《四大集团三定方案》，对每个集团实行定职责定岗位定人员，从源头上规范人员进出。集团高管人员，由县委县政府组织公开选拔产生，参照同级干部配备，实行年薪制。各集团的中层岗位，由集团根据

三定方案，在不超职数的前提下由集团组织公开选拔产生。集团的一般员工进入必须根据集团的业务发展需要，依法依规公开招录。目前集团用人基本形成了源头管理、科学约束与绩效激励的有机统一。

四、融资平台实体化转型改革的困难

（一）主营业务聚焦有待加强

虽然融资平台把适合自己的资产进行归集，不断优化、整合、提升资产体量，但是主营业务还是比较分散，不够聚焦。比如从长兴县四大集团的经营数据来看，虽然其营业收入在不断增长，而且增长幅度也比较大，但是其营业收入占比较大的是各集团的供应链贸易收入，而其主营业务板块的营业收入却并不明显，可见主业板块的发展比较缓慢。造成此现象的主要原因是平台公司自身的市场定位还不够清晰准确。作为政府功能支持者和服务者的平台公司转变为自身实体产业的夯实者，在自身核心业务和优势产业上没有形成有效的核心竞争力。其主要原因，一是因为其管理制度较为落后，企业文化也较为守旧粗放，平台内部对市场化转型没有深度认识，缺乏方向和目标，导致融资平台公司的经营意识和市场意识较弱，如平台高层领导因为体制惯性往往会“重建设轻经营”“重投入轻产出”，这种市场化机制的缺乏导致了其主业定位不清晰。二是因为平台公司缺乏清晰可行的战略方案，大部分的平台公司处于“职能化管理”阶段，没有建立起与战略要求相匹配的组织管理体制，有的时候即便有市场化转型的想法，也没有足够的执行能力，使得平台公司内部缺乏主动性和活力。

（二）企业经营效益有待提升

虽然政府在支持融资平台转型时注入了一些优质性、可经营性的资产来调整其产业结构，加快其转型升级，但是总体来说，其自身的经营性现金流和盈利能力偏弱。例如，长兴县四大集团除了个别子公司，如交投通润矿业、城投房开公司、和平尾矿业务等利润较好以外，其他公司经营业绩提升却不够明显，使得各集团的整体营利能力还不够强，不能完全达到收益覆盖利息的转型要求。其主要原因，一是因为平台公司投资建设的项目大多以公益性项目为主，如高速公路修建等一些基础设施项目，其最大的特点就是周期长、金额大、收益低，投入的资金与收入利益不能成正比，导致该类项目缺乏自身造血能力，无法产生稳定的现金流和经营性收入。二是因为平台公司虽有少量的市场化项目，但是其经营性资产的占比比较低，没有像其他市场化企业那样特别注重效益精细化管理，使得少量经营性资产的所有权和市场经营权脱节，没有很好地发挥资产效能作用，使得经营的收益很难与债务本息平衡。三是因为平台公司的融资渠道和融资方式比较单一，主要通过资产抵押或是发债等间接融资方式向银行来借款，又因公益性项目的资产很难通过市场化经营来产生足够的现金流量，一旦出风险也很难通过市场化来进行处置，因此其融资成本相比同类型的市场化企业要高，如“2A+”级的城投集团平均融资成本为5.16%，其发债成本是4.17%，但同类型“2A+”级的企业发债只需3.8%，这也使得其经营效益没有优势。

（三）市场竞争能力有待提高

近几年，国有企业加大力度推进市场化项目发展，但市场化项目还不多，市场化转型的步伐还不快。其主要原因，一是因为平台公司的人员大多来自体制内，面对市场风险时，本身缺乏承担能力，而且在思想上也会产生较高的惰性，习惯依赖当地政府，不愿主动挑战竞争对手，导致内部转型动力不足。二是因为平台公司虽然内设董事会、监事会等，面上看似内设治理结构完善，但是班子成员及下属员工还是从各个体制内调入，由政府任命，因此，会受到政府的一定管控和干预，导致在后期的经营过程中运作效率低下，自主话语权受到限制，审批程序烦琐复杂，最终平台公司难以按照市场化的方式来进行管理，从而失去有利的市场机会。三是因为缺乏专业的技术人员。一方面，平台公司自己培养出来的专业储备人才因薪酬激励、用人评价和市场价值取向存在一定差距，导致绩效考核非市场化、业绩贡献与绩效激励不匹配，使得薪酬体系缺乏市场竞争力而留不住人。另一方面，融资专业人员、法律咨询人员等人才比较匮乏，因此，常常出现行政管理能力有余，但市场经营能力不足的情况。比如对市场环境的敏锐度不高、对商业的运作能力有所欠缺、对市场化项目的运作不规范等，这些市场经验技巧的缺乏都会加大出风险的概率，导致平台公司与市场脱节，从而降低了其自身的综合竞争力。

五、融资平台实体化转型改革的建议

国有企业要根据不同功能类别、规模大小、盈利能力等情况，分层分类深化混合所有制改革，“一企一策”研究深化混合所有制改革计划，竞争类企业原则上应全面实施混合所有制改革。拟实施混合所有制改革的企业应明确改革后发展规划，突出主业发展，不能“为混而混”。已实现混合所有制的企业应完善法人治理结构，加快转换经营机制，不能“混而不改”。加强对混合所有制改革的监督，充分发挥企业内外部监督力量作用，加强对国有企业混合所有制改革重点环节和全过程的监督，做好社会风险评估。规范国有企业参股投资，加强参股股权管理，切实防止只投不管，从而推进稳妥深化混合所有制改革。

（一）聚焦主营板块，加强企业化管理

地方融资平台要想转型成功并可持续发展，必须要有自负盈亏及独立运作的理念。首先，转型方向要明确，市场定位要找准。其次，平台公司自身的管理能力和水平要不断提高。最后，要实行全面预算管理来整合各类资源，提高资本配置效率，夯实平台转型基础。

1. 明确转型方向

推动国有企业产业向专业化集中，聚焦主营板块。一是资产要向四大集团集中，尤其是优质资产的注入可以为平台公司增添新鲜活力。二是平台公司在转型过程中，要结合企业发展的实际情况，清晰定位企业发展方向，明确自己的市场定位，精心布局业务板块，健全市场化经营机制，做强做优主营业务。三是要制定平台公司长期发展的战略规划，统筹考虑融资平台自身的自有资源，提高国有资本配置效率，优化提升国资国企战略功能，从而促进平台公司转型改革方向的正确性。

2. 完善企业制度建设

加强国有全资、控股公司章程建设，有效发挥公司章程在公司治理中的作用。一是把加强党的领导和完善公司治理统一起来，加快建立各司其职、各负其责、协调运转、有效制衡的公司治理体制。深入贯彻落实把党的领导融入公司治理各环节实现制度化、规范化、程序化的要求，推进完善国有企业制度体系建设。二是指导国有企业进一步完善落实“三重一大”决策制度，推进“三重一大”事项权责划分。各县属国有企业要结合实际分层分类制定本企业党委前置研究讨论重大经营管理事项清单，厘清各治理主体权责边界。全面落实董事会职权，健全完

善董事会议事规则。三是依法优化完善县属国有企业监事会体制机制，加大对监事会工作支持力度，充分发挥监事会全过程监督作用，强化监事会监督成果运用。制定科学的风控机制和预警机制，提升融资平台在业务运行方面的安全性和规范性。

3. 实行全面预算管理

强化平台公司内部管控，统筹制定全面预算等方面的基础管理制度，加强对一级子公司的内部管控力度。一是要根据融资平台所制定的战略计划和战略目标，结合自身所处的环境及内部优势，分解制定中期和短期的预算经营指标，如每季度的预算指标、年度预算指标等。二是要把这些预算指标根据融资平台的内部职责分解到各个相对应的部门，建立起一套完整的以调整、控制、考评和预算为主要内容的内部管理体系。这套体系是以“适度分权、集中监控”为原则来配置平台公司的资源，从而提高融资平台的管理效率，实现公司的中短期目标，进而保障平台公司战略目标的实现。三是要不断完善各个项目运作的结构，加强对项目运作的风险监控，确保项目运作的合规合法性。

（二）强化盈利项目，选择合理化融资方式

公司应该利用好政策和资金的优势，不断加强并提升自身的盈利水平。首先要打造核心业务体系，参与成长型企业的发展，加大对优质项目的投资力度。其次提升平台的信用评级，降低平台的融资成本。最后优化企业的资本结构，努力拓宽融资渠道，合理选择融资方式，从而增强地方融资平台的盈利和融资能力。

1. 构建核心业务体系

推动四大集团、两大园区公司、原乡镇公司逐步向实体企业转型，增强核心业务能力和市场竞争力，形成有效产业支撑，创造稳定的营业收入和现金流，提升自身“造血”功能。一是对全县经营性资产进行

再梳理、再排摸，并按照产业相近、行业匹配等原则划转给有关县属企业，进一步夯实市场化转型基础，全面实现县域经营性国有资产集中统一监管。各集团要进一步加大资产盘活优化整合，对闲置资产加大处置力度，对能评估增值的资产评估增值，千方百计做实做优资产，加快市场化转型。二是根据平台公司的行业定位进行横向一体化推进，结合四大集团主业板块的定位，构建各自的核心业务体系来拓展公司未来的发展空间。或是根据价值链来进行纵向一体化，进而实现价值增值，可以通过收购、入股、投资等多种方式对价值链进行延伸，比如针对上下游环节，或是相关业务领域进行拓展，实现多元化的业务来增强自身市场竞争力。三是实现产融结合，加强资本化的运作，把各类资金用活用足，最大化地实现各类资金的效用，比如可以通过参股金融机构的方式去分享金融行业较不错的投资收益。

2. 推进信用评级提升

企业评级的提升对企业整体运行成本的下降起到关键性作用，因此提高信用评级有利于提升平台公司的转型发展动力。一是各集团要统筹谋划发展，明确下一步推进信用评级的目标、举措，争取信用等级提挡升级，进一步增强企业融资能力，降低融资成本。二是要完善各集团的信用审核体系，减少平台公司的融资风险，保障现金流的有效稳定，从而提升平台公司的自主经营能力。三是要构建各集团公司与旗下子公司的综合信用结构，进一步增强全县国企信用体系，创新平台公司的融资模式，提升集团公司市场化的运营能力。

3. 拓宽融资渠道

平台公司应该根据自身的情况合理运用多种方式的融资手段来拓宽融资渠道，丰富资金来源，优化融资结构，提高资金的利用率。一是根据项目的周期、投资回报率来向银行申请贷款，除此之外，还可以通过发行中期票据、公司债券、短期融资券等方式来进行融资，进而提高平台公司的资产流动性，降低融资成本。二是对于平台的优质资产，可以采取资产融资租赁的方式来开展，如有条件还可以尝试资产证券化，最大限度地利用资本市场特点及优势，提高平台公司的融资额度。三是还可以采用引入民间资本的方式来注入新股东和新资金，优化公司的股权结构，比如采用 PPP 模式，既可以分散融资风险，又可以保证资金的健康运转，还可以提升其融资信用。

（三）提高竞争优势，建立市场化激励体制

公司市场化转型要想成功，就必须要减弱政府部门对平台的影响，充分释放平台自身优势，加快提升融资平台的市场竞争力。首先要提升平台公司自身的运营能力，降低内部管理成本，提高项目收益率。其次要加强对专业技术人才的引进工作，激发平台公司的活力。最后要建立科学的考评机制，完善薪酬制度，拥有市场化竞争优势的激励体制。

1. 提高企业运营能力

地方政府融资平台在日常实践工作中表现出来的良好运营能力主要体现在是否拥有良好的项目资源和足够的资本金，因此提升平台的运营能力是市场化转型的必然要求。一是地方政府要足够重视，给平台公司相关方面的政策支持，比如项目投资的有关政策支持，特许经营权的管理等。二是成立各集团资金结算中心来对日常的资金进行管理，这样不仅可以提高日常资金的使用效率，还可以节约各集团的财务费用，从而降低集团的管理成本。三是可以通过控股的方式来获取金融牌照，或是牵头组建产业发展基金，把集团的金融业务作为自己的业务来进行独立发展，从而增加平台公司的收益率。

2. 引进专业技术人才

平台公司要采取多种方式来拓宽人才引进的渠道，招聘各类所需的专业技术人才和经营管理人才。一是平台公司应该积极招聘针对市政类项目或是基建类项目比较擅长的专业技术人员，方便对项目的预期收

益、项目周期等内容进行准确测算，从而选择合理的融资方式。二是为了适应千变万化的市场环境，平台公司还应该培养或是招聘融资、风险管理等方面的专业人才，对项目融资、运营、管理等方面进行全方位的把控，从而确保项目能够正常的市场化运作。三是培养经营管理方面的专业人才，打造一支高素质的运营管理队伍，为平台公司的转型发展提供源源不断的动力。

3. 改善薪酬激励体制

推动县属国有企业落实市场化薪酬分配机制，优化工资总额管理，实施差异化政策导向。一是对县属国有企业负责人薪酬作适当调整，提高绩效年薪的占比。各国有企业实行全员考核，根据职工的岗位性质、职位（称）高低、任务轻重等因素，开展企业内部考核，合理拉开员工收入差距。二是对国有企业中层管理人员及下属子公司负责人，根据具体岗位差异，所管理子公司的资产规模、营业收入、利润总额及实际管理人员等因素，分类设定薪酬标准。公司中层管理人员及下属子公司负责人实行基本薪酬＋绩效考核薪酬相结合的薪酬制度，根据公司具体分类确定绩效考核薪酬比例，适当拉开薪酬差距，绩效考核薪酬标准向市场化运行的子公司倾斜。三是可以尝试采用股份激励机制，比如，当员工达到项目既定的盈利目标，可以给相关人员一定的绩效股份，让其同公司一起成长，分享公司的胜利成果，从而调动员工的工作积极性。

第六章

乡镇财政管理的探索

乡镇财政是我国财政体系中最基层的一级，是农村经济社会发展和农民享受基本公共服务的重要保障，在实施乡村振兴战略、推进基层治理体系和治理能力现代化以及高质量发展建设共同富裕示范区的过程中发挥着重要作用。随着城乡统筹的深入推进和乡村振兴战略的实施，政府将越来越多的财政资金投向农业、农村、农民，管好、用好这些资金，使其切实发挥最大效用，最终推动共同富裕示范区建设，迫切需要进一步加强乡镇财政管理。分税制改革以来，长兴县面对基层财权与支出责任不匹配的矛盾，高度重视乡镇财政建设，充分调动乡镇财政的积极性，有力地推动了城乡公共服务均等化的实现，乡镇财政的功能得到有效的发挥。

一、乡镇财政管理概况

一级政府，一级财政。我国财政分为中央、省（自治区、直辖市）、市、县（市、区）、乡镇五个层级。乡镇财政是最基础的一级，是乡镇政府参与社会产品和国民收入分配、再分配的主要形式。乡镇财政直接面对农村公共产品的需求者，是维护基层政权正常运转、推动农村公共服务体系建设、促进农村公共服务均等化、落实支农惠农和改善民生的直接组织者、实施者，是国家惠民政策和基层群众的联系纽带。其不仅为乡镇一级政府履行社会政治、经济职能提供资金保障，而且为地方治理乃至国家治理奠定坚实基础。

我国乡镇财政管理制度随着财政体制的改革而变迁发展。1983 年，中共中央、国务院发布《关于实行政社分开建立乡政府的通知》（中发〔1983〕35 号），明确提出“随着乡政府的建立，应当建立乡一级财政”的要求。全国各地陆续开始组建乡镇财政机构。到 1990 年年底，我国已建立了比较完善的乡镇财政管理机构，基本实现了“一级政府，一级财政”的目标。2000 年开始，农村税费改革不断推进，乡镇财政的收入和支出范围均有所缩减，农村教育、民政优抚、民兵训练等农村社会事业的事权财权均上收至县级。2006 年，国家彻底取消农业税。在此背景下，很多乡镇开始实行“乡财县管”的财政管理模式，不少地方的乡镇财政管理机构被撤销或合并；留存的乡镇财政管理机构也名称不一，如有的称财政所，有的称财政服务站等，工作人员队伍也大幅缩减。近年来，随着全面小康社会的建设和城乡统筹发展的需求，乡镇财政的重要性日益突出，一些地方开始恢复乡镇财政管理机构的建设，并不断加强乡镇财政管理。

当前，随着乡村振兴的不断推进和共同富裕示范区的建设，乡镇财政服务的内涵也在不断地丰富和创新。首先，乡镇财政的工作重点已从最初的征收管理向支出管理转变，主要职能是助力乡村振兴、为基层提供更多更优质的公共服务。其次，在具体服务对象上：一是服务农业，在继续做好“粮食补贴”“良种补贴”“农机补贴”等传统农业扶持的基础上，大力支持建设现代农业，推动农业高质量发展。二是服务农村，通过“一事一议”等财政政策，推进农村道路改善、环境整治、公共设施不断完善等，切实改变农村基础设施落后、环境“脏乱差”的形象，使绿水青山焕发出新光彩。三是服务农民，通过技能培训，提升农民在家门口就业的能力；通过资金帮扶，鼓励、引导农民自主创业；通过政策兜底，为农民提供更高质量的养老、医疗等社会保障服务，切实推进公共服务均等化。

二、加强乡镇财政管理的实践

近年来，长兴县财政局高度重视乡镇财政管理工作，争取县委、县政府的支持，加强与相关部门的沟通协调，结合自身实际制定政策、建立完善相关制度，引领乡镇经济发展，规范乡镇财政管理，夯实公共财政管理基础，推动基层治理体系和治理能力现代化，走出了一条具有长兴特色的强化乡镇财政管理之路。

（一）加强乡镇财政管理的实践

1. 明确乡镇财政管理的基本原则

为切实强化和规范乡镇财政管理，推动乡镇财政高质量发展，长兴县委、县政府对乡镇财政管理拟定了三项基本原则。一是坚持财权与事权相匹配原则。根据乡镇职能定位，明确乡镇事权，明晰乡镇财权，以事权合理界定乡镇财政收支范围，确定收支基数，确保乡镇财政通过稳定的财政体制获得与事权一致的财力来源，做到责、权、利相一致。二是坚持县级与乡镇相兼顾原则。正确处理县乡两级政府之间的财力分配关系，合理调剂两级财力分配，既考虑县级财政承受能力，又维护乡镇既得利益；既要确保县级保运转、保民生、保重点、促发展所必需的财力需要，又要在财力分配上向乡镇倾斜，保持体制的生机与活力，增强乡镇财政自求平衡、自我发展的能力。三是保障与激励相结合原则。根据乡镇事权，保障乡镇正常运转的基本支出需求，注重激励发展，更加突出财政体制对乡镇经济发展的导向和激励作用，支持产业集聚，做大做强优势产业和经济强镇。

2. 建立健全乡镇财政管理制度

规范管理，制度先行。为进一步完善县与乡镇（街道、园区，下同）的财政利益分配机制，进一步规范和加强乡镇财政管理，充分调动和促进乡镇发展经济、培植财源、组织收入的积极性，增强乡镇财政自求平衡、自我发展的能力，促进经济社会稳定、健康发展，长兴县按照省对县财政管理体制和省完善乡镇财政管理体制的要求，结合自身实际，制定了一系列与乡镇财政相关的制度规范。如以长兴县委、县政府名义向各乡镇（街道、园区）党委、政府及县级机关各部门印发《长兴县乡镇（街道、园区）财政管理体制实施办法》，以财政局名义印发《关于进一步加强乡镇财政财务监督管理的意见》《关于进一步强化和规范乡镇财政管理的若干意见》《关于进一步加强乡镇财政资金监督管理若干问题的指导意见》《关于建立乡镇财政财务互审制度的通知》等乡镇财政财务管理制度。对乡镇财政预决算管理、支出审批、票据、账户、现金、资产、工程建设管理、会计基础工作、财务人员职责和监督检查等方面作了明确和详细规定，确保乡镇财政财务运行有章可循、安全有效。各乡镇制定具体的财政财务管理制度和操作办法，严格控制财政支出，规范财政支出的审批程序，规范财务运作。

3. 分类实施财政体制

根据现行的省对县级财政管理体制和县级财政的承受能力，对乡镇（不含雉城街道、龙山街道）实行“划分收支范围、核定收支基数、完成基数分成、分类超收分成、自求财力平衡”的财政管理体制，对雉城街道、龙山街道实行“划分收支范围、核定支出基数、收入综合分成、自求财力平衡”的财政管理体制。简而言之，就是两句话、十六个字：“划分收支，自求平衡；确定基数，分类分成。”

4. 加强乡镇财政管理

（1）依法加强收入征管。各乡镇与税务征管部门建立协同治税工作机制，完善收入征管制度，及时掌握税源动态，加强税源分析，优化收入结构，增强财政实力。

（2）强化乡镇财政职能。根据目前乡镇政府承担的职责任务，按照“一级政府、一级财政”的基本要求，明确乡镇财政管理职责，创新管理方式，有效行使预算管理、预算执行和财政监管职能，努力将公共财政职能向乡镇延伸。

（3）健全内部控制制度。按照财政管理科学化、精细化要求，进一步建立健全财政财务管理制度，细化工作措施，完善财政资金监管工作办法和流程，做到按制度办事、用制度理财、靠制度管人，进一步提高乡镇财政科学化、精细化管理水平。

（4）严格财政预决算管理。各乡镇按照“收入一个笼子、预算一个盘子、支出一个口子”的要求，将一般公共预算、政府性基金预算、国有（集体）资产收益和政府性债务收支等纳入预算编制范围，依法科学合理编制乡镇财政收支预算，健全“全口径”政府预算体系。健全预算审查监督制度，年度财政预算、收支预算调整和决算均按法律程序审批。推行乡镇民主参与式预算审查，拓宽民主监督渠道。完善预决算公开制度，按规定程序、时间向社会公开，自觉接受群众监督。规范乡镇财政预算执行，切实增强预算的执行力和约束力，确保收支平衡。

（5）加强债务管理。各乡镇均高度重视债务管理工作，强化责任意识、规矩意识、风险意识和节约意识，严格按照债务管理规定，切实履行对所辖单位的债务监管职责，妥善处理存量债务，严控新增债务，健全预警机制，切实防范风险。

（6）加强资金资产监管。各乡镇建立就地就近资金监管机制，将所有财政资金纳入监管范围，严格财政资金监管，强化资金使用绩效评价。加强对乡镇级国有和集体资产管理，建立健全资产购买、处置管理制度，做到账实相符，防止资产流失。

（二）加强乡镇财政管理的成效

1. 财政收入实现新跨越

近年来，长兴县乡镇财政体制遵循激励、发展的原则，充分调动了乡镇“生财、聚财、用财”的积极性。党委、政府高度重视乡镇财政工作，关心支持财税工作，采取有效措施，挖掘增收潜力，做大收入规模，增强了乡镇实力。2020 年税收收入达 103.73 亿元，增长 13.16%，高于全县财政总收入增幅 6.71 个百分点。乡镇税收收入总量占全县财政总收入比重逐年提高，达 85.19%，为增强地方财力，促进县域经济发展做出了贡献。

2. 财政实力得到新增强

随着经济的快速发展，长兴县财政实力不断增强，按照保障、激励、发展的原则，县财政赋予乡镇相应的财权，进一步加大向乡镇倾斜的力度。近年来乡镇体制分成均在 10 亿元以上，增强了乡镇自求平衡的能力，真正实现了县乡两级财政“双赢”。

3. 基本支出得到进一步保障

为保证乡镇必需的公共支出和必要的正常运转支出，长兴县遵循以下原则安排财政支出，一是坚持依规安排支出原则。按照确定的支出范围和事业发展的需要核定人员经费和安排专项支出，乡镇在编人员经费（包括公用经费）由县财政预算安排，同时对部分乡镇给予困难补助。二是坚持保障的原则。加大乡镇财政支出保障力度，提高乡镇支出基数和补助标准，确保了乡镇正常运转。

4. 财政管理实现新的提升

（1）管理机制进一步健全。长兴县乡镇财政实行“条块结合、以块为主”的管理体制，各项收支纳入财务统一管理、统一核算。1 个镇单设财政财务机构（镇村三资管理办公室，挂财政所牌子），其他 15 个乡镇（街道 、园区）与党政综合办公室合署办公（挂财政所牌子），履行财政财务管理职责。

（2）内控机制进一步完善。明确工作职责，按不相容原则设置会计、出纳岗位，银行印鉴章实行专人保管。各项支出有合法的发票、原始凭据及相关附件，有经办人、证明人、支出事项分管领导、乡镇长签字（大部分乡镇须经财政总会计和财务分管领导签字），审批流程较规范。各项支出有合法的发票、原始凭据及相关附件，有经办人、证明人、支出事项分管领导、乡镇长签字。

（3）监督检查进一步强化。县财政局会同纪委（监察委）、审计等部门，采取事前预警、事中监管、事后评价、跟踪反馈等多种监督方法，定期与不定期相结合方式对各乡镇财政财务内控、收支情况、资金运作进行检查，建立有效的监督制约机制和督查机制，逐步形成收支并举、内外并重、日常监管与专项检查相结合的全方位、多层次的财政监督机制，进一步促进乡镇财政规范、有序、健康运转。

（4）“乡镇公共财政服务平台”和“一卡通”建设有效推进。按省财政厅要求，所有分配到人（户）的涉农补助和民生补贴财政资金均已纳入乡镇公共财政服务平台管理并实施“一卡通”操作，集中发放到一张卡上。

（5）理财水平进一步提高。通过组织培训、开展研讨等多种形式的学习培训和工作实践，进一步增强了乡镇财政人员法治观念和全局意识，更新理财观念，转变理财方式，提高依法理财、科学理财、民主理财的能力，从而提升驾驭市场经济的水平。

（6）做实“关闸门”防风险。根据湖州市“县区收权限、乡镇关闸门”工作部署，2019 年 2 月底，长兴县在全市率先完成乡镇国企子公司移交手续，实施乡镇国企子公司资产、负债、收入、支出及日常管理权限“五个”上收，实现了乡镇彻底“关闸门”。以债务化解、规范管理为重点，着力做好后续工作，进一步从严从紧压实各方责任，严格考核约束，将乡镇债务化解、“关闸门”工作纳入县对乡镇的年度综合考核，实行刚性倒逼，力保管理高效、运作规范、风险可控。

三、乡镇财政管理面临的困难

经过多年的发展，在各级党委、政府的重视和支持下，在有关方面的共同努力下，乡镇财政管理工作取得了明显成效，在增强地方财力、助推乡村振兴战略实施、促进乡村经济社会事业发展、推进城乡协调发展等方面做出了巨大贡献。但在具体的管理实践中仍存在收支矛盾加剧、制度不健全、执行不到位等问题，对促进乡镇正常、规范、有序、持续运转产生了影响。

（一）财政收支矛盾突出

一是乡镇收入来源少。农村税费改革后乡镇财政收入逐渐减少，同时随着城镇化的快速发展，优质资源特别是人才更多向城市流动，使得大量企业尤其是对人才要求较高的企业向城市集聚，导致原本就收入不足的乡镇财源更加紧缺。二是县级财力保障不足。当前乡镇资金大多由县级财政拨付，一些本就财力紧张的县、区，在满足本级需求的同时，还要尽可能地向乡镇倾斜，随着乡镇财政支出特别是民生支出的不断增加，部分县财政“心有余而力不足”，乡镇支出难以保障。三是县乡政府间事权与支出责任界定不清晰。合理划分财政事权和支出责任是政府有效提供基本公共服务的前提和保障，是建立现代财政制度的重要内容，是推进国家治理体系和治理能力现代化的客观要求。当前我国正在大力推进中央与地方财政事权和支出责任划分改革，并已取得重大进展，但地方政府特别是县乡之间事权与支出责任还存在不规范、不合理现象，造成乡镇财政支出较多、压力较大。四是随着乡村振兴战略的推进实施，各级政府逐步加大对乡村的投入力度，有些支出项目明确要求乡镇要安排配套资金，进一步增加了乡镇财政的支出压力。

（二）财政管理薄弱

乡镇财政是最基层的一级财政，是保障各级政府政策有效落实的关键，但实践中由于各种历史或客观的原因，其未得到应有的重视，管理基础比较薄弱，主要表现在三个方面：一是职责不够清晰。乡镇财政产生初期以征收农业税费为主要任务，随着农村税费改革和农业税的取消，乡镇财政职能发生相应变化，但之后由于各地采取了不同的乡镇财政管理模式，如有的地方实行“乡财乡管”，有的地方实行“乡财县管”，导致各地对乡镇财政职能的定位各不相同，没有统一的标准。这也使得部分地区的乡镇财政职责不够清晰，处于模糊状态，甚至不时发生变化。二是制度不够健全。不同的管理模式需要相应的管理制度，当前乡镇财政管理制度通常由地方根据实际情况制定。各地由于管理能力不同，制定出的制度质量也参差不齐，有的制度简单、粗放，不够科学、合理；有的制度长期不变，未根据形势变化进行及时调整；有的地方虽然制定了较完备的制度，却形同虚设，未得到严格的执行。管理制度的不完善，造成了乡镇财政管理基础的不扎实。三是管理不够规范。制度的缺失，导致了管理的混乱。如有的乡镇预算编制不精细，存在“先要来钱再说”的思想；有的财政支出缺乏预算刚性，存在“有钱就用，花完再申请”的思想；有的乡镇支出不按项目规定，不管类别先解决当前紧要问题；有的乡镇资金监管不到位，资金使用绩效不高等。在一些乡镇，财政所沦为“账房先生”，重收支轻管理。

（三）乡镇财政队伍力量不足

按照“一级政府，一级财政”的要求，乡镇财政部门是乡镇政府的重要组成部分。但是，在实际中，乡镇财政管理力量普遍不足，表现在三个方面：一是部分乡镇未设立单独的财政管理机构；部分乡镇虽然名义上设立了财政所，却将其并入党政综合办公室等机构；业务管理方面，县、乡均有涉及，形成了多头管理、管不到位、队伍人心难以集聚等问题。二是财政人员力量不足，部分乡镇财政所只有2—3人，而且除了正常财政工作外，有的人还要配合镇政府完成其他工作。这一状况既难以满足日常工作的需要，又埋下了廉政风险的隐患。三是专业素质不高。由于乡镇财政变迁的历史原因，加上乡镇工作条件、环境相对比较艰苦，人员流动性较大，目前乡镇财政干部年轻化、专业化水平不高，人员专业能力欠佳。特别是在当前乡村振兴的大背景下，大量财政资金向乡镇农村倾斜，这些资金的合理分配和科学监管对基层财政干部的专业素质、职业道德等都提出了更高的要求。

四、进一步完善乡镇财政管理的建议

在推进乡村振兴和共同富裕的大背景下，乡镇财政被赋予了新的更加重要的职责和使命。站在新的发展阶段，面对新的发展目标，需要树立新的发展理念，系统重构乡镇财政管理体系，进一步强化和规范乡镇财政管理，夯实公共财政管理基础，推动基层治理体系和治理能力现代化。

（一）健全与乡镇财政履行职能相适应的财政管理体制

1. 进一步明确乡镇财政管理职责

结合乡镇政府的职能，从制度上明确乡镇财政的职责范围。按照“一级政府、一级财政”的基本要求，认真贯彻执行党和国家的方针政策，严格遵守财政法律、法规和各项财经制度；加强财源建设，合理利用财政政策，鼓励乡村立足自身实际，大力发展“一村一品”，引导农民成立专业合作社，鼓励年轻人回乡创业等，进一步做活、做大、做强新农业，增加财政收入；协助税收征管，规范乡镇非税收入管理；负责乡镇预（决）算管理，做好预算编制、公开、执行、调整，定期向乡镇人大、政府及县级财政部门报告预算执行情况；负责乡镇各项收支的统筹管理，开展财政资金绩效管理，组织实施财政资金就地就近监管；负责管理乡镇政府性债权债务，防范化解债务风险；负责乡镇国有和集体资产监管；负责监督管理乡镇财务会计事务；会同相关部门做好乡镇到人（户）的涉农补助和民生补贴财政资金的发放；统筹做好村级集体经济“三资”管理；承担乡镇财政管理的其他工作。县级财政部门是强化乡镇财政资金监管工作的关键，要强化自身监管能力，组织落实各项监管工作，同时要切实发挥好上级财政部门与乡镇财政管理机构间监管信息反馈交流的纽带作用，帮助乡镇财政管理工作有序开展。乡镇政府要切实加强对乡镇财政工作的领导，压实主体责任。乡镇财政管理机构要认真履行职责，增强公共服务意识，切实提高管理水平和服务能力。

2. 完善科学合理的县乡财政体制

由于各地实际情况不同，县乡财政体制应避免“一刀切”的做法，可根据各乡镇的具体情况采用不同的管理体制。各地应结合县域内各乡镇经济社会发展状况、人口规模、税源基础、财政收入等特点，分类制定县乡财政体制，做到分类管理，精准施策，既确保县乡两级经济社会共同发展，又充分调动乡镇工作积极性。如对经济发达、财政收支规模较大或集聚辐射作用明显的乡镇，可实行“乡财乡管”的管理方式，采用“划定范围、核定基数、超收分成、增收奖励、歉收赔补、自求平衡”的财政体制；对经济发展水平中等的乡镇，可实行“县保基本”的管理方式，县级重点保障乡镇基本支出，其他由乡镇自主保障，确保收支平衡；对经济相对落后、财政收入规模较小的乡镇，可实行“乡财县管”的管理方式，统收统支，确保乡镇政府的正常运转和事业发展。

3. 建立县乡财权与事权相配的保障机制

相关部门应结合乡镇政府职能和管理体制改革情况，按照财政事权和支出责任相适应的原则，合理划分县乡政府财政事权和支出责任。属于县级政府履行的财政事权应由县级财政全额予以保障；属于县乡共同财政事权的支出责任，要根据县乡政府的职能范围以及收入划分情况按比例分担；对完全属于乡镇财政事权的支出责任，由乡镇财政自主予以保障。按照“职能上移、财力下移”的原则，科学划分县乡事权，建立乡镇事权清单制度，赋予乡镇履行事权相匹配的财力。乡镇法定事权，由县乡共同承担；县级政府和部门授权事项，由县级承担；清单外事权，按“谁交办、谁出钱”的原则落实支出责任。进一步强镇扩权，让乡镇政府在工业发展、城镇建设和新农村建设上有更大的事权与财权。县财政进一步统筹教育、卫生、民政等支出，最大限度减轻乡镇包袱，并按照建立公共财政框架目标，根据乡镇职能定位，明晰乡镇事权，划分收支，分级包干，做到责、权、利相统一。建立科学、规范、透明、有效的专项转移支付政策，增强政府监管能力。安排上级下达的各类专项资金时，不得层层加压，违规硬性要求乡镇进行配套。乡镇政府不得擅自整合或以任何形式截留、挪用、改变专项转移支付资金用途。

（二）规范乡镇财政管理

1. 强化乡镇财政预算刚性管理

严格按照《中华人民共和国预算法》《中华人民共和国预算法实施条例》等法律法规，依法科学合理编制乡镇政府年度预（决）算。强化预算执行，规范预算调整，切实增强依法理财、硬化预算约束意识。从严控制预算调整追加，对确需调整追加预算的事项，应严格按程序报批。鼓励实行中期财政规划管理，优先保障规划期内的重大改革、重大政策和重大项目实施，强化财政规划对年度预算的约束性，集中财力办大事。加大财力向乡镇下沉力度，兜牢基层“三保”底线。全面推行支出预算标准体系建设，按照“量入为出”“收支平衡”的原则合理安排乡镇支出预算。稳步推进预决算公开工作，主动接受乡镇人大的审查监督和社会监督，不断提升乡镇财政预决算的透明度。

2. 全面推行乡镇国库集中收付管理

严格执行“收支两条线”制度，乡镇所有收入按照规定及时、足额缴入国库或财政专户。乡镇除保留国库单一账户或国库集中支付清算账户、零余额账户和1个代管资金专户及按规定开设的其他银行账户之外，不宜设立其他专户。对实行“乡财乡管”的乡镇，按照“一级政府、一级财政”的要求推行乡镇国库集中支付制度改革，其他乡镇视同县级预算单位开展国库集中支付。扩大国库集中支付改革的资金覆盖面，真正实现“横向到边，纵向到底”。

3. 加强政府性资产和债务管理

完善乡镇国有、集体资产管理制度，统一合理配置和有效使用管理各项政府性资产、资源。建立健全乡镇政府性财产物资在配置、使用、处置、收益等环节的制度规定。乡镇各单位使用财政性资金购置资产时，应当执行资产配置的标准和要求，实行政府采购程序。加强公款竞争性存放管理，防止利益冲突和利益输送。加强往来款的监督和管理，设立往来款登记账簿，对往来款项的性质予以归类，建立定期对账清理制度，需要核销的，按规定程序及时进行核销，需要收回的，应及时收回，不得长期挂账。乡镇政府要严格贯彻执行中央和省有关加强地方政府性债务管理的各项规定，加强乡镇政府债务管理，做好乡镇政府性债务风险管控。乡镇确需发展的公益事业所需建设资金，由乡镇政府向其所在县级政府提出需求，由县政府报请省政府在其限额内发行地方政府债券，不得以其他任何方式举借债务。严禁乡镇违反规定变相举债增加隐性债务、违法违规融资以及为他人融资提供担保。强化监督问责，建立健全乡镇政府违法违规举债融资行为追责问责机制，实行债务风险防范清单化管理，做到穿透监管、终身问责。

4. 规范乡镇财政支出管理

切实硬化乡镇财政预算约束，强化乡镇预算执行管理，规范经费支出，严格监督管理。进一步健全和完善乡镇财政财务各项支出管理和审批制度，制定各项开支标准，做到支出有预算、开支有标准、审批有程序。进一步规范财政拨款和财务报销手续，限时办理费用结算，严控现金支付，严禁“白条”入账，全面推行乡镇公务卡结算制度，做到各项开支有合法的原始凭证、有合规的支出用途、有具体经办人、相关人员和负责人签字，不得以领代报、以拨代支，更不得为片面追求支出进度而设置过渡性账户。严禁公款私存私放、库外设库、账外设账、坐收坐支、违规大额提现等现象。加强票据管理、印鉴管理、网络管理、定期对账、定期互审等制度的落实，保障乡镇财政资金安全。严格执行有关文件规定和纪律要求，严禁违规发放津补贴。

5. 建立健全乡镇财政内控管理制度

进一步加快内控体系建设，强化乡镇内控组织领导，落实内控制度完善常态化机制，全方位加强预算管理、收支管理、采购管理、合同管理、工程管理、资产管理等六大经济活动的财政资金内控管理制度建设和执行，更好地发挥内控的基础保障作用，有效管控和防范风险。坚持问题导向，紧盯内控短板，针对内部管理薄弱环节和风险隐患，突出加强对预算编制、执行等重点领域和关键岗位的防控力度。强化内部权力的制衡和监督，规范内部权力运行。严格实施不相容岗位相互分离、关键岗位轮岗、集体议事决策等制度，合理配置权责，明确关键控制节点和风险评估要求，堵塞管理漏洞，防范廉政风险和业务风险。加强监督检查工作，建立内控自我评价监督机制，加大考评问责力度，充分发挥内控与其他内部监督机制的相互促进作用。

（三）全面开展预算绩效管理

乡镇财政要建立以资金使用绩效为核心的监督体系，加强对财政资金的监督检查和绩效考核，切实把资金用在“刀刃”上，实现“少花钱多干事”和“集中财力办大事”的绩效目标，进一步提高财政资金的使用效益。

要按照党中央、国务院关于全面实施预算绩效管理的要求，将乡镇政府所有收支全面纳入绩效管理，建立健全乡镇财政“预算编制有目标、预算执行有监控、预算完成有评价、绩效结果有应用、结果应用有问责”的全过程预算绩效管理机制，不断提高乡镇财政资源配置效益和资金使用绩效。遵循“实事求是、客观公正、全面评价、突出重点”

的原则，通过乡镇自评和外部评价相结合的方式，对预算执行情况开展绩效评价。乡镇财政管理机构对预算执行情况以及政策、项目实施效果开展绩效自评，并逐步开展整体绩效评价，评价结果报县级财政部门。县级财政部门对乡镇政府财政运行情况实施综合绩效评价，必要时可引入第三方机构参与绩效评价。健全绩效评价结果反馈制度和绩效问题整改责任制，强化绩效评价结果应用。

（四）创新涉农财政资金管理方法

随着国家对“三农”支持力度的不断加大，越来越多的政策资金投向“三农”，如各项涉农补助、城乡社保、农村低保等，涉及财政、农业、民政、社保、教育、卫健等多个部门，为确保相关资金能够及时、足额、低成本地送达农户手中，财政部门应积极谋划、主动作为，统筹各部门的需求，做好顶层设计，打通公共财政的“最后一公里”。要切实发挥“乡镇公共财政服务平台”和“一卡通”对资金的规范管理作用。通过数字赋能变革，在“资金使用政策不变、资金分配权限不变、资金归口部门不变”的前提下，打通和整合各业务主管部门相关职能，共同推进乡镇公共财政服务平台建设，使政府惠民便民服务从“碎片化”转变为“一体化”，有效实现省市县乡协同、部门间协作、政银人一体。要着眼于整体，突破业务主管部门“各自为政”的局面，大力整治“七卡八卡”“人卡分离”“现金发放”等乱象，力争将全部涉农补助和民生补贴财政资金，都纳入“乡镇公共财政服务平台”管理，全面实行社保卡“一卡通”发放。同时，坚持以需求为导向，不断丰富“服务平台”内容，拓展“服务平台”触角，用足用好“服务平台”，探索将项目类资金纳入“服务平台”进行管理，也可探索将“服务平台”延伸到村级集体组织和城市街道社区，赋予“服务平台”更加丰富的功能。

（五）加强乡镇财政机构队伍建设

各地要严格按照《财政部　中央机构编制委员会办公室　国家公务员局关于加强乡镇财政队伍建设的意见》（财农改〔2012〕1号）规定，规范设置乡镇财政管理机构，配足配强财政工作人员，做到“有人、有岗、有职责”，切实提高乡镇财政管理效率，确保全面完整履行乡镇财政管理职能。实行“乡财乡管”的乡镇应设置独立的财政管理机构。乡镇财政管理机构一般应设负责人、预算总会计、财政出纳、票据管理员、档案管理员、资产监管员和涉农惠民财政补贴资金发放管理员等岗位，可一人多岗，但要严格执行不相容岗位相互分离原则。要完善乡镇财政工作人员岗位聘用、选用、职级晋升等方面的相关政策，形成引得进、留得住、用得好的良性机制。县级财政部门要主动参与乡镇财政管理机构负责人、预算总会计的任免，以及人员招录、岗位交流等工作，确保相关人员具备与岗位相应的专业素质。建立健全岗位交流机制，在同一乡镇同一岗位工作满一定年限的，进行岗位交流，交流进入的人员必须具备财政财务专业知识。不具备岗位交流条件的，必须定期进行专项审计。要认真抓好乡镇财政干部的业务培训，重点突出对新招录或交流进入财政系统的人员进行上岗培训和根据任务需要进行专项培训。同时，还要会同组织部门加强对乡镇主要领导干部财经管理知识的培训。

五、数字赋能破解乡镇财政内控困局

近年来，随着各级财政对乡镇投入的不断加大，乡镇财政可用于支出的财政资金急剧增加，廉政风险不断提升，暴露出部分乡镇财政内部控制仍然比较薄弱的问题。内部控制建设主要包括三件事：管理制度化、制度流程化、流程数字化。当前乡镇财政面临的最大问题不是制度，也不是流程，而是数字化。总体而言，不少乡镇行政事业单位内部控制还处于“人控”的阶段，无论是领导的重视、财务人员的把关，还是内部业务部门的参与、外部职能部门的监督等，都严重依赖于每一个充满主观思维的人，其风险无时不在。而如果引入数字化，将行政事业单位的每项经济活动固化为业务流程，将每个风险点嵌入信息系统，通过数字化，将当前弹性的管理变为系统硬性的约束，那么行政事业单位内控面临的一些问题便可得到有效解决。

（一）乡镇行政事业单位内控数字化的现状

当前，企业已基本实现会计信息化和内控信息化，不少大中型企业正在迈向智能财务、云财务时代，但行政事业单位内控数字化还处于起步阶段，面临一些问题：一是各系统相互独立，形成信息孤岛。事实上，很多行政事业单位目前正在运行的总账系统、政府采购系统、固定资产系统等业务信息系统，已经在一定程度上实现了部分内部控制的功能。但各系统未完成对接和融合，部分数据和信息无法共享，既无法实现高效的内部控制，也满足不了外部监管部门实时获取相关数据的要求。二是内控关键点未全部嵌入信息系统，内控存在风险漏洞。内部控制涉及单位的各个方面，是一个无所不包的系统。但大多数行政事业单位现有的信息系统仅涵盖了部分重要经济活动，也未涉及经济事项的全部风险点，难以满足严格内控的需要。三是授权管理不严，系统自身风险防范不够。有的单位虽然实施了数字化，但仍然存在一人掌管多个密码、管理多个账号的情况，完全“规避”了信息系统的内控功能。同时，有的单位只“用”不“管”，未对信息系统本身可能存在的系统故障、数据泄密或丢失等风险进行有效的管控。

通过实施内部控制数字化，行政事业单位可达到如下目标：一是由“人控”到“机控”，实现自动化管理。通过将风险点及规则嵌入系统，可以从源头上避免因重视程度不够、个人不熟悉专业知识、内控制度执行无力等问题，实现系统自动核对、自动把控。二是由“现场签字”到“远程审批”，实现实时化管理。内部控制涉及分级授权审批，以往线下签字的模式常常因某位领导出差或公务繁忙等，造成时间过长、审批不严的问题；数字化模式下，可通过网络实现实时提醒、线上审批，提高效率。三是由“短期管理”到“终身追责”，实现痕迹化管理。在信息系统中，每个审批环节的痕迹均可以长期留存，为持续追责提供了技术支撑，可有效增强审批者的责任意识。四是由“定期检查”到“动态监控”，实现常态化管理。通过信息系统，财政、审计、纪委监委等外部职能部门可实时查看了解行政事业单位信息数据和内控执行情况，提高监管效能。

（二）实施内部控制数字化的路径

1. 坚持系统思维，构建全覆盖的内控系统

一是打通信息孤岛，实现系统融合。将内部控制的原理、方法和技术融入会计信息系统，与现有的预算、资产、合同、政府采购等系统进行关联整合，建立集预算管理、会计核算、资产管理、报销审批等功能于一体的综合内部控制数字系统。这不仅有利于提高工作效率，增强内控效能，而且有利于提升全员内控意识。二是全面梳理单位所涉及的经济活动、业务事项和现有内控制度，查缺补漏，确保每一项经济活动的每一个关键环节都纳入内控流程，每一个风险点都嵌入内控系统，各控制环节之间紧密联系，相互促进，真正实现业财融合。以资产管理为例，单位进行线上政府采购申请，系统可自动显示采购标准；单位在政府采购网站下单完成后，系统自动生成采购合同；资产购入后必须登记

入台账才能报销付款，从而杜绝无预算采购、超标采购、合同不规范、资产购入漏入账等问题。三是开放系统端口，实现实时监管。建立单位与财政、审计、纪委监委等职能部门的系统连接通道，通过授权，开放相关信息的查看权限，以外部监督强化单位内控的完善和执行。

2. 推进闭环管理，构建全过程内控系统

一是开展全生命周期管控。以资金管控为核心，以信息系统为载体，将内控制度科学嵌入经济活动特别是资金流动的全过程，变财务的事后管理为内控的事前、事中、事后全过程控制。对原始资料和重要信息实行电子化存档，对报销审批、支付路径、资金流向等关键信息进行实时记录、永久留痕，为防范资金风险和监督、追责等奠定坚实基础。二是积极推行“标准规则”管理。建立不相容职务相分离、规范的审批流程、法定财务支出范围及标准等基本常用规则体系，嵌入内控信息系统，实行系统自动管理，杜绝一人兼多职、代行审批或伪造审批、不合规支出等非法现象，避免业务部门每次“事前电话问标准，事后报销多纰漏”的问题。以出差报销为例，报销人在系统输入出差时间、地点、职务等信息，系统会自动匹配交通费、住宿费、公杂费的限额标准，既极大提高效率，又有效防止差错。三是纳入实时监控。财政、审计、纪委监委等外部职能部门以前只能在某个时点对行政事业单位开展事后的检查，而在数字化模式下，通过系统整合，可将行政事业单位内控执行的全过程实时展现，从而实现内控监管的“过程化”，极大地提高监管效能。

3. 发挥集体合力，构建全员内控系统

内控数字化并不是不需要人，而是要更好地发挥每个人的作用。首先，单位管理层特别是负责人要切实担负起内控“第一责任人”的职责。要深刻认识到内控建设事关财政资金的安全使用和单位工作绩效的提升，从而真正重视内控，大力支持内控，积极参与内控，为单位严格内控管理创造良好的氛围和环境。其次，财务部门和财务人员要认真履行好内控牵头人的责任。对于行政事业单位而言，内控管理的核心是资金管理，这就决定了财务部门和财务人员在内控管理中具有义不容辞的责任。财务人员一方面要严守财经纪律，坚持会计原则，做到自己不愿腐、别人不能腐；另一方面要不断加强学习，适应财政改革的需要和单位经济活动的发展，提高自己的履职能力。最后，业务部门人员要积极参与内控建设。单位内控不是一项独立的工作，与每个人都息息相关，需要全员共同完成。在数字化模式下，通过业务流程设计，系统将全体人员均纳入到了内控信息系统的终端，成为参与内部控制的一员。因此，业务部门人员要牢固树立内控意识，认真学习内控相关知识，积极参与内控管理。综上所述，行政事业单位应形成负责人带头，财务部门牵头，各业务部门共同参与的内控机制，实现制度到岗、责任到岗、风险防控到岗、分事行权、分级授权，确保内控严格、高效执行。

4. 运用信息技术，构建全集成内控系统

随着社会需求的不断拓展和信息技术的发展，内控系统已不再局限于电脑软件，而应成为一个包括传统信息系统、现代内控云，融电脑软件、手机 APP、短信提醒等为一体的集成系统。一是电脑软件。这是内控系统最传统也是最主要的部分，其通过制度流程化，将内控关键点嵌入信息系统，实现自动管控。二是手机 APP。作为最现代也是最方便的信息工具，手机端内控 APP 可打破时间和空间的限制，相关人员通过点点手机，即可实现实时信息查询、在线申请或审批，极大地提高了工作效率。三是短信提醒。手机短信这一传统的信息工具，在特定领域、特殊时期仍具有强大的生命力。行政事业单位内控最常见也是最大的风险就是资金被挪用或侵吞，由于银行系统的特殊性，其不可能与行政事业单位每一个相关人员实现联结，但可以通过手机短信的形式提醒资金变动情况。行政事业单位可以通过设置通知功能，在发生相应支出额度时，系统自动向单位负责人、分管财务领导、财务负责人、会计、出纳等发送短信，防范资金被无故挪用或非法支出，降低资金安全风险。

第七章

生态文明建设的财政政策探索

党的十八大将生态文明建设纳入总体布局，正式形成了经济建设、政治建设、文化建设、社会建设、生态文明建设“五位一体”总体布局。党的十九大站在更高起点上，从“五位一体”总体布局的五个方面对新时代坚持和发展中国特色社会主义进行了战略谋划，明确了我国未来社会主义现代化建设的基本路径。浙江是“两山理论”的发源地，在生态文明建设中起着引领和示范作用，长兴作为生态文明建设的率先实践地之一，通过合理的财税政策实践，率先在全国探索出一条经济转型升级、资源高效利用、环境持续改善、城乡均衡和谐的绿色发展之路，为全国各县市运用财税政策推进生态文明建设提供长兴经验。虽然在这一过程中还存在一些管制性政策应用过多，市场主体发挥空间有待提升的问题，但这些过程中的问题并不影响长兴经验做法值得全国其他县域生态文明建设参考借鉴。

一、生态环境、经济发展与财政定位

（一）生态文明建设与经济发展

1. 生态文明与经济发展

生态文明是一个动态的概念，对生态文明建设的早期理解是工业化中期下，用以改善和优化人与自然关系而取得的物质成果、精神成果和制度成果的总和，是补“工业文明损害人与自然关系的、威胁人类自身发展”的课的成果。因而强调摈弃“征服自然”的理念，弘扬“人与自然共同发展”，强调生态文明建设是高于工业文明的理念。也有从社会主义建设出发，主张社会构成包括了生态文明，强调环境问题的本质是社会公平问题，需要用生态理性代替经济理性来摆脱生态环境危机。我国关于生态文明建设的理论研究也经历了从“三个文明”一起抓、到“四个文明”相统一、再到“五位一体”总体布局的过程，体现了生态文明建设地位更加突出、内涵也更加丰富的演进。目前，国内普遍比较认同的生态文明的定义是以人与自然、人与人、人与社会和谐共生、良性循环、全面发展、持续繁荣为基本宗旨的社会形态。从人与自然和谐的角度来看，主要就是指人类为保护和建设美好生态环境而取得的物质成果、精神成果和制度成果的总和，是贯穿于经济建设、政治建设、文化建设、社会建设全过程和各方面的系统工程，反映了一个社会的文明进步状态。

生态文明的内涵具体包括以下几点：一是核心价值和谐发展。生态文明不仅强调人与自然和谐相处，也涵盖了社会发展领域中的人与人、人与社会和谐发展的内涵。通过集约、低耗、高效的经济增长模式来夯实经济基础，从而实现经济、社会和环境的可持续发展，以及人的全面发展。二是生态环境整体改善。生态文明建设最直接的成果就是生态环境本身的改善，通过环境污染的防治和生态破坏的重建，结合重点流域整治、区域污染防治及新农村建设等工程措施，改善大气环境、水环境质量，积极建立固体废物管控和处理体系，为生态文明建设奠定良好的环境基础。三是社会物质生态发展。工业文明时期的经济发展建立在资源能源的消耗上，经济发展较少考虑生态环境的承受能力，而生态文明是在生态环境可持续发展的基础上实现经济的增长，因而生态文明中社会物质的生产是结合传统技术的精髓、现代科学技术成果，资源循环使用，污染物排放量在环境承受能力范围内的生态化生产。四是长期复杂全面推进。建设生态文明是一项长期而又复杂的工程，涉及经济、文化、制度等多个方面，也包含生态环境本身，需要全社会改变以往的生产生活方式，是经济、社会和环境全面的进步。其基本特征是和谐性、持续性、创新性、共同性和综合性。

在发展经济学中，经济发展意味着随着产出的增长而出现的经济、社会和政治结构的变化，这些变化包括投入结构、产出结构、产业比重、分配状况、消费模式、社会福利、文教卫生、群众参与等在内的变化。传统的经济发展概念较少将生态文明纳入考察范围，因而忽视了经济发展对环境带来的负外部性影响，而随着环境对人类影响的加剧，“绿色发展”开始纳入发展经济学的考察范围，一些诸如绿色 GDP、绿色全要素增长率的绿色经济发展指标陆续提出。在中国，党的十八届三中全会明确提出完善发展成果考核评价体系，纠正单纯以经济增长速度评定政绩的偏向，加大资源消耗、环境损害、生态效益等指标的权重，对领导干部实行自然资源资产离任审计，建立生态环境损害责任终身追究制。对绿色发展从理念到实务的重视引发了人们对生态文明建设与经济增长（或发展）激励兼容性的思考。

2. 生态文明与经济发展的相互制约观

生态文明与经济发展相互制约的主要观点是“污染避难所假说”和强“波特假说”。污染避难所假说是指在不考虑其他因素时，环境管制的增加会降低其产业竞争力，当环境管制对污染密集型企业造成的影响超过其他因素，污染密集型企业会向环境管制较弱的地区转移，形成“热点”效应。污染避难所假说的经济含义是，强化环境管制会导致污染密集型企业的转移，不利于特定区域的经济增长，但并没有对更大区域的整体经济的可持续性作出判断。当前，我国产业水平不断提升，已经不再是发达国家的环境避难所，但是我国区域发展水平差距较大，污染密集型产业由东向西转移仍然存在，因此我国经济发展过程中还须兼顾地区均衡，防止污染密集型企业的不合理转移。为应对日益激烈的国际竞争，试图降低环境管制标准甚至不惜通过寻租行为、腐败行为而发展经济是不可行的，只有通过引入创新，淘汰落后产业才能保证我国的产业升级，提升产品的国际竞争力；同时，环境管制标准不应在国有企业和非国有企业下实行双标，只有不断提高市场化程度，才能保证经济的高质量发展，对国有企业放松标准的粗放型增长是不利于经济长期发展的。

“波特假说”认为良好的环境规制有利于刺激生产单位的技术革新，减少成本费用，提高产品质量，能够使生产单位在国际市场上获得竞争优势，从而提高产业生产效率。但是部分学者认为由于环境管制带来的生产率的增加可能不足以弥补由于环境管制带来企业的污染治理成本，因而削弱产业的竞争力，他们将其归纳为强“波特假说”。强“波特假说”主要探讨的是不同环境管制强度下，创新带来的正向效用和规制带来的负向效用对企业生产率造成的综合影响。

“污染避难所假说”和“波特假说”都注意到了环境与生态环境的背离问题，试图说明环境管制抑制了部分工业企业，特别是污染密集型企业、碳密集型企业的发展，但并非没有看到环境管制带来污染负外部性的减少。从更广泛的均衡收入分配角度看，污染密集型和碳密集型产业往往处于全球价值链的底端，不符合我国经济高质量发展和人民群众对美好生活向往的现实需求，因此，我国的污染密集型企业应当积极创新，突破环境管制的门槛，提高其自身的竞争力。

3. 生态文明与经济发展的协同促进观

生态文明与经济发展相互协调思想渊源是弱“波特假说”，其基本逻辑是强调生态与环境能够倒逼企业创新和产业升级，进而提高其产业竞争力，在国际上体现为出口产品竞争力的提升，在国内则体现为区域产业结构升级。基于这种逻辑的经验实证则主要聚焦于对企业创新能力、产业结构升级，以及绿色全要素生产率等绿色发展指标的影响上。

在我国，通过分析强调生态环境引发的生产成本增量和为降低成本而展开的创新增量的大小，一些学者考察了生态与经济发展的协同问题。结果发现中国不同省份工业部门间的环境管制强度与创新增量并非线性关系，而是一个“U 形”的先抑后扬关系，即环境管制起初会增加企业成本，影响企业投入，但随着环境管制强度的增加，企业的“创新激励”效应不断增加，最终会超过企业的遵从成本，进而使得企业的生产技术进步率不断提升，这说明环境管制最终是有利于企业创新的，所以会形成这种良性循环，是因为环境管制能够通过筛选效应、内部技术溢出和外部技术溢出，促使绿色经济效率形成“扩散效应”和“极化效应”，影响地区的产业结构调整和产业升级，进而促进地区经济的发展，使得低效率地区通过内部技术溢出学习高效率地区的技术水平，而高效率地区通过外部技术溢出不断获得国外先进技术，巩固其高效率地位。这也意味着国际贸易促进了适应地方环境管制行为的创新效应，激励了企业（尤其是低融资约束企业）进行自主创新和技术改进活动，促进了企业研发和生产率的提升，反过来又促进了企业出口。这可能与进出口贸易中对产品质量相对较高的要求有关。不同于揭示生态环境要求与企业创新的逻辑，从构建绿色技术创新的指标上直接印证了生态环境管制的成效，发现环境要求在促进绿色技术创新上通过更注重能源节约技术的开发和绿色工艺创新，降低了防治污染新技术的开发应用。这些应用增强了中国工业的绿色竞争力，验证了弱波特假说在中国的存在性。

无论是揭示强化环境要求对促进创新的逻辑，还是构造绿色生态指标细化其中的机理，此类研究大体都认识到了环境管制政策虽然可能在短期伤害到部分企业的经济利益，但是在长期能够提升企业的竞争力以及地区的产业发展水平，同时也通过不同行业、不同区域和不同组织结构的实证比较发现，环境和经济是可以实现双赢的，因此强调应当坚持当前的环境管制政策，进而促进企业研发创新、产业转型升级和国际贸易增长模式转型和经济可持续健康增长。而其中对机理的解释则为地方政府采取相应的财政金融政策提供了启发。

绿色发展是“五位一体”的重要组成部分，长期来看，环境管制不仅能够对重度污染产业技术创新和效率改进提供持续的激励，进而对产业绿色全要素生产率增长起促进作用，也有助于使那些效益低下、技术装备落后的企业退出市场，实现国家整体技术装备水平的提高。因此经济发展和生态文明是有可能实现双赢的，只要坚持合适的环境管制政策，注重地区经济、社会、环境和企业组织形式的差异，同时兼顾协调均衡发展，就可能探索出来适应地方特征的经济与生态双赢之路。

（二）财政支持生态文明建设的逻辑

1. 理论逻辑

财政是国家治理的基础和重要支柱，政府及其财政的基本职能是提供公共服务、矫正外部性，其中促进生态文明建设是政府及其财政的重要职责。财税政策作为宏观经济调节的重要工具和手段，对于调控和促进生态文明建设具有非常重要的作用。财税政策支持生态文明建设的是生态文明的公共产品属性，或者外部性特征。生态环境具有典型的公共产品特征，即效用的不可分割性、消费的非竞争性和受益的非排他性。首先，生态文明建设的成果，每位消费者都可以享用，想要排除他人享用的成本非常高；其次，由于“搭便车”现象的存在，使得私人或者市场不用支付任何费用就可以享受到环境保护带来的益处。这使得私人或者市场不愿意投资生态文明建设，市场价格机制失效；最后，生态文明建设周期长，投入资金大，投资短期内效益小，如果仅由市场调节，很可能会导致生态文明建设缺少资金投入支持，社会资金转而流向高收益项目，可能会导致环境的进一步恶化。因此财税政策支持生态文明有财政逻辑上的合理性。生态文明还具有明显的外部性。外部性可分为正外部性和负外部性。正外部性表现在由于生态文明具有公共产品的非竞争性和非排他性，生态环境的改善可以给所有消费者带来福利的提升。生态环境的破坏会带来巨大的经济损失和引发其他一系列的社会问题，财税政策作为政府宏观调控的重要杠杆，对负外部性问题有较强的调控和促进作用，这也决定了财税政策支持生态文明建设的重要性与必要性。

2. 现实路径

根据对环境管制与绿色经济发展研究文献的梳理，可以发现产业转型升级是财政促进生态文明建设的有效路径。生态文明与产业转型升级是有机统一的，推动产业结构转型升级是生态文明建设主要路径，而生态文明建设是产业转型升级的方向指引。从人类经济发展模式演进的动力和路径来看，工业是创造人类物质世界的基础，生态型经济是人类经济社会发展的方向，传统产业要继续发展，必须在发展中实现生态转型。

生态文明建设体现为产业转型升级的目标导向。绿色发展是构建高质量现代化经济体系的必然要求，是解决污染问题的根本之策。重点是调整经济结构和能源结构，培育壮大节能环保产业、清洁生产产业、清洁能源产业，实现生产系统和生活系统循环连接。我国经济已由高速增长阶段转向高质量发展阶段，环境保护和经济发展是有机统一，相辅相成的。推进我国产业转型升级，提升我国产业的全球竞争力，就必须坚持以生态文明建设为目标导向，更加自觉地推动绿色发展、低碳发展、循环发展，构建科技含量高、资源消耗低、环境污染少的绿色产业结构和绿色生产方式，形成经济社会发展新的增长点。

产业转型升级是生态文明建设的路径模式。中国特色社会主义进入新时代，我国社会主要矛盾已经转化为人民日益增长的美好生活需要和不平衡不充分的发展之间的矛盾。人们对于良好生态产品的需求越来越迫切，必须不断提升生态环境质量，增强人民群众的获得感、幸福感、安全感。在模式和路径上，要坚持绿色循环低碳方向，坚持把生态优先、绿色发展的要求落实到产业升级之中，通过优化产业结构，走生态文明发展之路，做到产业发展和生态建设协调发展。产业转型升级要以人与自然和谐相处为价值取向，以生态文明建设为主要抓手，强调经济与生态的良性循环。坚持生态文明发展理念，推动产业转型升级，形成绿色发展方式和生活方式，实现经济社会发展和环境保护协同共进。

（三）生态文明建设的财政工具

不同的财政环境政策工具带来的后果也不尽相同，因此，如何选择一个合适的政策工具也是在建立生态文明时所考虑的重点问题。财政环境政策工具分为显性环境规制和隐性环境规制两类，显性环境规制又包括命令控制型环境规制，即企业确立必须遵守的环保标准和规范、规定企业必须采用的技术等；以市场为基础的激励性环境规制，排污税费、使用者税费、产品税费、补贴、可交易的排污许可证、押金返还等都属于此类工具以及自愿性环境规制。隐形环境规制则指的是内在于个体的、无形的环保思想、环保观念、环保意识、环保态度和环保认知等。在广义的环境规制分类基础上，将经济类规制分为费用型和投资型两类，费用型环境规制是指环境相关的资金投入中，未形成固定资产且仅有短期影响效果的资金，例如与环境相关的税收、监管费用和行政费用等；投资型环境规制是指环境相关的资金投入中，用于形成固定资产且存在长期影响效果的资金，例如环境友好型技术投资，环境治理设施投资等。不同分类出于研究目的的差异，但大体上区分为命令—控制型政策工具、市场化政策工具和自愿协商型政策工具三大类是能够普遍被接受的。

1. 命令—控制型政策工具

命令—控制型政策工具主要以强制性的行政命令规定社会参与主体的行为方式与行为边界，其典型特征是被规制者在目标设定和技术选择上无自主决定权，具体形式以管制与标准政策为主。这种工具在我国环境治理早期较为广泛运用，主要包括环境立法和质量标准等实施手段。企业在面临环境立法时，一方面会用其他要素替代污染性要素从而导致出口国内附加值率下降；另一方面，环境立法能够激发企业创新进而提高其出口国内附加值。环境立法须与严格的环境执法相结合，更有利于提升贸易绩效以及更好地融入全球价值链。为适应国际新规则下的环境标准，我国应当对工业企业污染物排放统一监管，发展低碳经济，与国际环保标准接轨；调整产业结构，引导外资投资结构转变；积极主动应对，并参与和引领环境新规则的制定；构建开放型经济新体制，落实改革举措，加快实施自贸区战略。

2. 市场化政策工具

市场化政策工具则并未明确规定社会参与主体的行为标准，而是通过对其行为方式的刺激来达到控制污染的目的，这一政策工具主要包括财政补贴、税收优惠、上网电价补贴及排污交易系统等。此类工具在我国实施市场化改革后逐渐增加，主要包括排污税费及罚款、排污权交易、财税政策以及绿色金融。这类工具由于违法成本低，守法成本高，污染企业减排目标难以有效落实，排污税费征收面窄、征收力度不大、征收效率低下以及缺乏必要的强制手段等现实问题。因此，我国须将排污税费政策落实的重点放在将个人列入排污费的征收对象，推动形成绿色生活方式；将碳排放纳入征收范围；适当提高环境污染征收标准。对碳源行业而言，当碳排放处于强度较大时，应当积极实施绿色技术补贴促进企业全要素生产率，当碳排放处于强度适中时，应当参照减碳区间设定补贴标准，完善低碳企业奖惩机制，逐步加强低碳补贴力度，引导企业绿色创新方向，转化绿色技术创新成果。而当碳排放处于低位时，则应针对企业绿色技术及产品创新进行低碳补贴。绿色金融政策作为生态文明建设的补充性政策工具，与绿色财政政策的协调使用会产生事半功倍的效果。

3. 自愿协商型政策工具

自愿协商型政策工具以企业环境行为的自我约束为主导，这种形式的政策不具有法律约束力，但能体现企业的社会责任履行情况。在实践中自愿协商型政策工具的运用并不多，通常只是作为一种补充政策而存在。

政府的环境管制政策不是一成不变的，也经历了漫长的发展历程，不同政策工具所运用的背景和对象都大不相同，虽然市场导向型的环境管制政策对企业战略选择的长期影响要优于行政型的环境管制政策，但是我国目前行政强制性环境管制工具仍然有其存在的历史与现实必要性。因此，我们应当以绿色技术创新为核心，明确可持续发展方向。同时，也要厘清产业发展中政府和市场的功能边界，发挥市场配置资源的决定性作用，构建合理的政策框架，创建公平有序的绿色发展环境。

二、促进生态文明建设的地方财政政策实践

（一）长兴县生态文明建设概述

长兴县隶属于浙江省湖州市，地处浙江省北部，长江三角洲杭嘉湖平原，太湖西南岸，与该省安吉县、湖州市吴兴区和安徽省广德市、江苏宜兴市接壤，苏、浙、皖三省交界。2020 年 12 月，社科院发布“全国县域经济综合竞争力100强”榜单，长兴县排在第30位。截至2020年，长兴县辖4个街道、9个镇、2个乡，根据《湖州市2020年第七次全国人口普查主要数据公报》，长兴县常住人口67.4万人。

1. 长兴县经济发展水平

根据湖州统计年鉴数据，长兴县2019年的国内生产总值为6932756万元，增长率达8.2%，人均国内生产总值为108861万元，增长率7.9%。财政总收入114.38亿元，其中地方财政收入65.83亿元，分别增长11.4%和10.9%；规模以上工业增加值239.2亿元，增长9.2%；社会消费品零售总额311.3亿元，增长10.2%；城乡居民人均可支配收入分别达到59848元、35274元，增长8.8%、9.8%。固定资产投资297.1亿元，增长11.2%，其中工业性投入122.8亿元，增长24.4%；规模以上企业营业收入增长16.5%；服务业增加值增长8.9%；农业现代化发展水平综合评价升至全省第五，获评浙江省农业绿色发展先行县。

在经济平稳发展的同时，长兴县也积极推动创新。“最多跑一次”改革向公共领域延伸，企业、群众“一件事”联办得到落实，政务服

务事项跑零次可办比达100%，省定事项100%“网上办”“掌上办”，在全省率先推行G60科创走廊“一网通办”、图审备案制改革，“最多跑一次”改革满意度全市第一。在积极发展经济的同时，长兴县也在积极探索“绿水青山就是金山银山”的绿色发展模式。

长兴传统产业以蓄电池、粉体、耐火材料、非织造布产业为主，这些传统产业规模以上产值占全县规模以上产值的比重很高，一度接近80%。绝大多数企业脱胎于家庭工业，“低、小、散、弱、差”的特征比较突出，产业转型升级任务艰巨。多年来，长兴始终坚持产业转型升级不动摇，统筹兼顾当前发展与长远发展，经济发展与生态环境，以财税政策为保障，通过整治倒逼、创新引领、企业培育等举措促进传统产业转型升级，走出了一条具有长兴特色的转型升级之路。

从蓄电池产业发展来看，长兴蓄电池产业起步于20世纪70年代，园区内的蓄电池生产已经有几十年的发展历史，先后有170多家工厂从事蓄电池生产，这些企业分布在长兴县的各个乡镇，相关从业人员最多时将近12万人。发展初期走的是粗放式发展道路，2005年开展了专项整治，企业从175家减少到50家，实现了第一次转型升级；2011年，又以全国铅酸蓄电池行业专项整治行动为契机，开展了第二次根本性、革命性的整治，通过兼并、重组减少到30家，并全部集中到新能源高新园区，做到布局园区化、企业规模化、工艺自动化、厂区生态化、产品多样化、用途多元化，实现了第二次转型升级。这次升级形成了从废旧蓄电池回收、原辅材料加工、极板生产、零配件制造到电池组装和销售的产业链，向电动自行车、摩托车、电动汽车等下游产品延伸，并且着眼于行业发展趋势，不断调整产品结构，成功向从生产铅蓄电池向生产锂电池、镍氢电池、太阳能电池、燃料电池新一代新型、环保动力电池绿色动力电源产品发展。2016年，开展375项工业技改项目，累计投资额143.73亿元，其中蓄电池行业技改项目19项，累计投资51.2亿元，占比35.6%，技改后，蓄电池产业营业收入达到481.14亿元，电动自行车用动力电池在全国市场占有率达85%左右，园区真正发展成为中国的“电动自行车铅动力电池之乡”“中国绿色动力能源中心”“中国电池产业之都”，跻身“中国产业集群品牌50强”“国家绿色动力能源高新技术产业化基地”“全国动力电池行业转型升级的示范区”。目前，长兴蓄电池行业共包含企业93家，从业人员12万余人。其中有蓄电池制造总部企业29家（其中锂离子电池制造企业5家），配套生产企业64家，其中，蓄电池塑壳企业40余家，蓄电池设备制造企业3家。国家重点扶持高新技术企业26家、在香港主板上市企业两家。长兴蓄电池产业产品覆盖全国32个省市，出口销售20多个国家，并建有完善的全国联网的售后服务体系。

长兴蓄电池产业服务配套体系完善，包括技术、贸易、创新、电商等多方面服务配套体系。技术服务方面，长兴拥有国家动力及储能电池产品质量监督检验中心、绿色动力能源技术创新服务平台、“浙江省电池标准化信息服务平台”“浙江省蓄电池标准化专业技术委员会”“浙江省绿色动力电源产品质量检验中心”及联合上海研发公共服务平台共建的长兴科技服务中心。为企业提供了产品检验检测、技术服务、新产品研发、人才培养、国内外标准、新技术、新专利的查询、创业孵化、技术转移、仪器设施共享等完善的服务。贸易服务方面，建立了“浙江省电池标准化信息服务平台”，为企业免费提供国内外标准、新技术、新专利的查询等，同时建立应对技术性贸易壁垒预警TBT通报分级制度及罗氏指令，关注国际各个地区电池产业政策的动态，组织企业应对国外贸易技术性壁垒和产业公共安全危机。创新服务方面，与哈尔滨工业大学合作建立了“长三角新能源研发中心”“大学生实践培养基地”“工程硕士研究生培训基地”，与浙江工业大学合作建立了“车用新能源电池研发中心”等。电商服务方面，由企业主导的得威、小电驴、一威网等电商平台正形成集产品和配件销售、售后服务、回收等于一体的新型O2O平台。

从耐火产业发展情况看，长兴耐火产业起步于20世纪50年代初，经过了由少到多、由小到大的发展历程，已经成为长兴县重点的传统产业之一，拥有“中国耐火材料之乡”“全国无机非金属新材料产业基地”等荣誉称号。改革开放后，长兴耐火企业迅速发展，从几家乡镇企业发展到近300家企业，一度占长兴工业经济比重18%以上，但随着经济的发展，耐火产业发展速度变缓，占全县工业经济的比重回落到了4%左右，企业规模小，产品档次低，行业整体竞争力弱。针对长兴县耐火产业的现状与不足，为推动产业健康持续发展，2014年5月长兴县启动了耐火产业转型升级工作。近两年来，耐火产业转型升级工作在长兴县委县政府高度重视下，在乡镇和部门的共同努力下，经过三轮三个阶段强势推进，已经取得了阶段性的成果。一是淘汰落后取得实效。全县耐火企业原有291家，关停并转了129家，规范提升162家，共淘汰设备1.1万余台（套），腾出土地820亩，腾出能耗空间2.5万吨标煤。二是规模和效益明显提升。2015年1—12月，50家规模以上耐火企业（比上年提高4家）完成产值40.68亿元，同比增长9.71%，高于全县面上4.22个百分点；162家保留企业户均设计产能达到6100吨/年，提高了2700吨/年，增长近8成；人均产值达到149.46万元，增长157.02%；企业亩均产出税收达到9.71万元/亩，提高43.85%。三是创新能力持续增强。2014年以来申报省级新产品企业26家，新产品立项118项；专利授权总量424件，其中发明专利96件；国家高新技术企业达到11家，省级科技型企业34家；规模以上企业新产品产值率从2013年的15%，提升到2014年的34%、2015年的51%。四是环境治理成效显著。拆除废旧厂房（棚披）36500平方米，在产企业均通过6S现场管理标准；58家燃煤（油）企业、101座窑炉全部实施煤（油）改气，专项设备投资1.56亿元，有效改善了厂区周边大气环境；企业污染物排放量大幅削减，二氧化硫、粉尘排放量经整治后分别减排60吨/年与50吨/年。五是生产现场环保达标。员工的环保、职业卫生意识得到了明显增强，室内作业场所空气质量基本达标，个人防护用品全部配发，并基本做到随身携带使用，显著提高了职工的身体健康保障水平。

从非织造布产业发展情况看。非织造布（衬布）是纺织材料的重要领域。衬布是服装业的基础材料，随着生活水平的提升及时尚产业的发展，消费者对衬布的品质与功能要求不断增长。非织造布在纺织领域的地位也不断提升，产品应用范围越来越广泛，是环境保护、卫生医疗、建筑工程、交通运输、航天航空等产业的基础性原材料。作为县域特色产业之一，长兴县2017年共有非织造布（衬布）企业84家，其中规模以上企业29家，占全县规模以上工业总量的3.5%，在全国细分行业的占比不到10%，总量规模小、产业层次低、工艺装备差、企业规模小、行业整体竞争力弱。针对长兴县非织造布（衬布）产业的现状与不足，为推动产业健康持续发展，2015年5月长兴县启动了非织造布（衬布）产业转型升级工作。近年来，非织造布（衬布）产业转型升级工作在县委县政府高度重视下，在乡镇和部门的共同努力下，目前已经取得了阶段性的成果。一是产业地位进一步提升。通过转型升级，全县非织造布（衬布）企业规模和效益明显提升，2019年1—12月，全县84家非织造布（衬布）实现产值近33亿元，同比增长10%，税收7000万元（预计），同比增长8%。全县非织造布（衬布）产业在全国的地位得到进一步巩固提升，目前，长兴县衬布占全国衬布的总量从25%提升到30%以上，并先后获评“2015年中国产业用纺织品行业优秀产业集群”“中国衬布名称（2016—2018）试点”。志纬服装辅料牵头开展《松紧带针织黏合衬》国家行业标准起草，这标志着长兴县企业在全国松紧带针织黏合衬行业中具有话语权。二是产品结构进一步优化。衬布从原来的中低档热轧衬布向经编、圆机等中高档有纺衬布转型，有纺衬布占比从原来的20%逐步增加到50%以上；非织造布产业从原来的以“金三发”和“欧丽”为主的水刺工艺发展到现在的10余家水刺、纺粘、热风等工艺企业及湿巾纸、尿不湿、拉拉裤、口罩、防护服等终端制成品，终端产品产值占比从原来的1%增加到10%以上。三是附加值进一步提升。由原来单一、低附加值产品向高附加值产品提挡。形成了中高档衬布（有纺、无纺）、医卫卷材及终端成品（尿不湿、防护服、口罩、湿巾纸）、土工、农业用卷材、服装、家纺、家装用卷材及终端成品（床垫、储物袋、包装袋、壁纸等）多元化发展。产品附加值从原来平均5000元/吨提高到12000元/吨。四是销售渠道进一步拓宽。在抢占国内高端市场的前提下，积极拓展外贸销售，2016年全县非织造布（衬布）企业实现自营出口额4.5亿元，同比增长近50%。

从粉体产业发展情况看。长兴县拥有十分丰富的石灰石矿产资源，是全国最大的重质碳酸钙生产基地之一。粉体产业作为传统产业，对长兴县经济发展贡献突出。但由于行业门槛低，早期的无序发展致使该产业长期存在“低、小、散、乱”等突出问题。2011年9月，长兴县委、县政府下定决心，按照“关闭淘汰一批、重组提升一批”的思路和“规模化、现代化、清洁化、一体化”的要求，全面实施粉体产业转型升级工作。全县累计关停石粉企业343家，腾出能耗3.06万吨标煤，土地1280亩。重组成立13家现代化、清洁化、一体化规模企业，其中亿元企业9家和5000万元以上企业4家。所有重组企业投资额都在5000万元以上，引进并采用国内外一流的粉体装备，年平均生产规模均达20万吨以上，较整治前提高了10多倍，产品也逐步从生产粗放型的200—400目的低档产品提高为600目以上的中高档产品，增加值由5100万元提高到2.3亿元。粉体行业真正实现了“个转企”“下转上”“小转大”和“低转高”的目标，被中国轻工联合会粉体技术分会授予“全国粉体产业转型升级示范区”荣誉称号。

2. 长兴县生态文明建设重点

经济发展和产业转型为长兴生态文明建设提供工作重点，即水环境治理、空气质量治理和城乡面貌治理。水环境治理从扎实推进蓝藻防治和黑臭水体防反弹工作开始，共完成119个建设单元“污水零直排区”建设、6家污水处理厂清洁提标改造，新建改造城镇雨污管网66公里，市控以上断面功能区达标率、县控以上断面Ⅲ类水质达标率、集中式饮用水源地水质达标率均为100%，连续4年获评省农村生活污水治理长效运维工作先进县。

以2021年5月份数据为参照，可以看到15个县控以上考核断面中包漾河水质类别为Ⅲ类（溶解氧、高锰酸盐指数超标），其余断面达到功能区目标要求，1—5月份15个县控以上考核断面均达到功能区目标要求。5月份出境交接断面中，新塘、合溪、杨家浦、南潘水质类别为Ⅱ类，金村埠水质类别为Ⅲ类。1—5月份新塘、合溪、杨家浦、南潘水质类别为Ⅱ类，金村埠水质类别为Ⅲ类。较2020年同期，5个出境断面考核的3项指标中高锰酸盐指数、总磷下降，氨氮略微上升。根据考核细则，浙江省及湖州市对长兴县1—5月份交接断面考核结果为优秀。5月份集中式饮用水源地合溪水库水质类别为Ⅰ类，备用水源地包漾河水质类别为Ⅲ类。1—5月份集中式饮用水源地合溪水库，备用水源地包漾河水质达标率均为100%。

空气质量治理的重点是强化工地扬尘、餐饮油烟、车船尾气管控，完成旗滨玻璃等废气深度治理，整治提升涉挥发性有机物排放重点企业50家，淘汰和提标改造35蒸吨以下锅炉184台，PM2.5浓度均值34微克/立方米，空气优良率86.1%，提前3年实现空气质量六因子浓度全面达标。浙能、诚泽污泥处置项目建成投运。绿色矿山实现全覆盖，全面完成重点区域废弃矿山治理，休产矿山3家，关闭1家。

从效果看，2021年5月长兴县空气自动站监测有效天数为31天，优12天，良18天，优良率为96.8%，超标1天。细颗粒物（PM2.5）当月均值为23微克/立方米（2020年同期为29微克/立方米）。1—5月环境空气质量优55天，良90天，超标6天，优良率为96.0%，较2020

年同期上升 3.9 个百分点；1—5 月份 PM2.5 均值浓度为 32 微克/立方米，2020 年同期浓度为 32 微克/立方米，与 2020 年同期持平。

城乡面貌持续改善主要是小城镇环境综合整治和乡村振兴。六大乡村振兴示范带加快建设，新打造和平镇"茶映南山"精品线，煤山镇仰峰村列入中国传统村落名录，创成省级美丽乡村示范乡镇 1 个、特色精品村两个。创成省"基本无违建县"。获评省农村危房治理改造绩效评价优秀县。城镇生活垃圾分类统一收运（转运）实现全覆盖，创成省级高标准示范小区 7 个。农村生活垃圾处理国家级示范基地落户林城镇北汤村，建成省级高标准农村生活垃圾分类示范村 4 个。

（二）长兴生态文明建设工具应用实践

为适应经济发展特点和产业转型升级的需要，长兴依据不同类型环境政策工具的特征针对性地选择生态建设政策工具，为生态文明建设取得良好成就提供了制度保障。

1. 命令—控制型政策工具选择

命令—控制型政策工具容易引发资源错配，也不利于调动企业环保积极性，因而采取了谨慎、积极、稳妥和便于预期的使用策略。此类政策工具在长兴的具体应用则体现在整治垃圾分类颁布的《长兴县城镇生活垃圾分类实施方案》、整治粉体行业颁布的《李家巷地区石粉厂专项整治提升标准》、整治蓄电池行业颁布的《铅蓄电池行业准入条件》《长兴县经济技术开发区城南功能区新能源产业园区蓄电池企业行业准入标准》等方面。比如在蓄电池行业的质量标准门槛实施过程中，既要求各有关部门和乡镇在领导小组统一指挥下开展铅蓄电池行业长效管理工作，又要县经信、环保、卫生、质监、安监等部门按照平时监管时对各铅蓄电池企业提出的具体工作要求，对照企业工作执行完成情况和企业"一厂一档"档案系统建设、监督性监测等情况，对铅蓄电池企业开展年度评估，分析现状和存在的问题，提出下一步工作要求。

此类命令—控制型工具虽然实施成本较高，也需要政府具备较强的监督管理功能，但是能够满足质量控制、垃圾分类等硬性目标的要求，因此通常以法规形式表现出来。考虑到此类工具只有强有力的环境执法力度和质量管制标准才能达到预期目标，在实施过程中形成的行政壁垒也不利于企业寻求高效的排污模式，因此，长兴县对垃圾分类、粉体行业以及蓄电池行业这种重污染行业采用严格的命令—控制型工具既表明了长兴县环境治理的决心，也表明了长兴县对建设好生态的信心。

2. 市场化政策工具选择

市场化政策工具主要包括环境税费、排污权交易、财税政策以及绿色金融等，其在长兴的应用主要体现在处置诚泽水务公司污泥时采用的排污费、对污水管制时实施的经营户排水许可证、对于农村污水处理设备、垃圾收集清运设备的补助、对合溪水库上游进行生态补偿以及在推进绿色金融方面颁布的《长兴县人民政府办公室关于长兴县推进绿色金融改革创新支持实体经济发展的若干政策意见》等。

市场化政策工具实施成本相对较小，适合政府和市场共同参与，譬如，长兴在实施生态 PPP 项目时，不再是政府部门事无巨细地管理，而是积极发挥市场的资源配置作用，政府“有形的手”在面对这类 PPP 项目的外部性时，给予实时的援助。根据政府调研报告，在实施公私合营的项目时，政府侧重加强监督、及时调整工作计划以及完善绩效考核体系。

长兴积极将市场化政策工具纳入环境政策中，能够有效地提高项目运营效率，降低长兴县政府的财政负担。但同时也要注意，在实施市场化政策工具这类经济类管制时，需要清晰认知费用型管制和投资型管制的实施重点。费用型管制，诸如排污费可在短期内迅速增加企业成本，通过经济杠杆作用驱使企业进行污染减排和研发活动，而投资型管制，诸如治污设备投资利于在长期内对排污企业产生技术创新激励。因此，若要在实现环境目标的同时促进工业绿色增长率的提升，应重视多样化规制工具的组合使用。

3. 自愿协商型政策工具选择

自愿协商型政策工具则以企业环境行为的自我约束为主导，这种形式的政策不具有法律约束力，但能体现企业的社会责任履行情况。正因为如此，信息公开及舆论监督在其中便发挥了重要作用。通过长兴县的积极宣传工作和引导，自愿协商型政策工具已经得到广泛应用，逐渐成为长兴县环境管制政策工具中的重要支柱。

三、生态文明建设取得的成就

长兴县生态文明建设的成就可以从美丽乡村建设、生态示范区建设、绿色产业转型建设和县域环境质量整体改善四个方面阐述。

（一）美丽乡村建设

长兴县目前共有行政村 206 个，其中城镇规划区内行政村 32 个、城镇规划区外行政村 174 个，目前已实现城镇规划区内行政村村庄环境整治提升、城镇规划区外行政村美丽乡村创建两个全覆盖。完成省级新时代美丽乡村达标认定 128 个、精品村认定 43 个，省级美丽乡村特色精品村 21 个、市级美丽乡村精品村 49 个，省级美丽乡村示范乡镇 7 个、市级 10 个，初步建成 6 条乡村振兴示范带。农村生活垃圾分类实现行政村、自然村两个全覆盖，成功创建省级农村生活垃圾分类示范村 10 个、市级标杆村 80 个。农村公厕实现行政村全覆盖。已完成两个历史文化村落重点村和11个一般村建设，在建1个重点村和两个一般村。

为支持农业农村优先发展，实现资金、土地、人才资源向美丽乡村建设倾斜，整理上报省级以上改革创新及亮点工作39项；成立全国首家经济联合总社，打造跨村域股份制“全域旅游”新模式。完善农村土地管理使用制度，耕地保护和占补平衡政策有效落实；完善财政投入稳定增长机制，强化资金支持，2020年县财政投入保障资金1.6亿元，用于美丽乡村建设、现代农业产业发展、村级集体经济发展、低收入农户帮扶等。进一步强化整合资源，积极向上争取，确保财政支农资金投入取得新增长；完善农村金融服务体制，加大绿色信贷投放，推进生态农业等领域的绿色信贷产品创新；完善合作共建机制，深化“三位一体”改革，出台《关于落实乡村人才振兴的实施意见》；大力实施各类校地合作及科技攻关项目，积极发动乡贤、群众参与美丽乡村建设。

全方位多举措优化农村人居环境，有效改善全县农村环境脏、村容差、基础设施落后、公共服务不均衡的现状。一是勾勒农村生活垃圾分类新路径。在农村易腐垃圾处理上创新思路和方法，根据长兴县实际，打破乡镇、行政村空间界限，按照“政府引导，市场运作”的模式，建立“1+5”集中处置模式，即“1个县域集中处理点（长兴金耀再生资源利用有限公司，规模350吨）+5座镇域集中处理终端（总规模23吨）”，打造农村生活垃圾分类处理新标杆，已成功创建10个省级、44个市级高标准农村生活垃圾分类示范村，并连续两年获得省农村生活垃圾分类工作优胜县。二是树立农村生活污水治理新理念。围绕“建设质量、长效运维全国双一流”的目标，于2014—2019年开展207个行政村的农村生活污水治理工作，新建微动力处理设施317座、净化槽120座、管网703.3公里，新增受益农户约7.1万户，实现行政村治理全覆盖，规划保留自然村覆盖率100%，农户受益率92.5%，全县农村生活污水无序排放现象得到明显改变，质量和进度历年均位居全市第一。被住建部列为全国农村生活污水治理示范县，连续3年获省级农村生活污水治理运维管理示范县。三是打响农村公共厕所改造新革命。在改厕工作中，做好与美丽乡村建设相结合、与“五水共治”相结合、与新农村建设相结合，创建一批布局合理、功能完善、使用方便、高效管理的农村美丽公厕样板；按照“三有四无”总体要求，建立“五位一体”“所长制”等管理服务体系。在旅游“厕所革命”中，探索建立“以商建厕、以商管厕、以商养厕”等市场化建设与管理方式。2019年全县新建无害化卫生户厕2643户，农村卫生厕所普及率达100%。完成改造农村公厕488座，全县207个行政村均有公共厕所。成功创建A级以上旅游厕所50座，其中3A级旅游厕所25座，2A级旅游厕所13座。

为农村人居环境整治厚植经济资本，多元化投入，夯实农村美丽基础。一是强化政府引领。致力全域美丽，按照“全面惠及、精品打造、点线结合、特色发展、长效运行”建设思路，统筹开展村庄整治、农房改造、治水治气、“三改一拆”、“四边三化”等各项工作，大力提升农村人居环境。2019年，全县共安排21.8亿元用于农村人居环境整治工作，自2010年以来，已累计安排140亿元。二是引导社会投资。在充分发挥政府资金引导作用的基础上，筑巢引凤吸引社会投资，形成全域建设大合力，全面有效提升村容村貌。目前仅六条乡村振兴示范带涉及的银杏山庄、原乡硒谷等48个项目，累计总投资37.5亿元。三是发动群众参与。有效发挥农民群众在农村人居环境整治提升中的主体作用，激发农民群众的“主人翁”意识，积极发动乡贤、群众合力改善村容村貌，2019年度全县完成美丽乡村项目42个，政府投资1.91亿元，全县乡贤、群众捐资达1.2亿元，其中煤山镇新川村捐资超1200万元。

在开展农村人居环境整治的过程中，以农业产业为切入点，发展带动基础设施建设；以乡村旅游产业为载体，有效推动农村环境改善，兼顾对古村落、古建筑、古民宿等得天独厚的文化底蕴的挖掘、保护和发展，把环境提升融入乡村旅游，实现产业发展和环境整治相辅相成，融合发展。如小浦镇八都岕统筹整合区域优势资源，整体推进环境治理、产业发展、村集体发展和农民增收，形成促进产业、人才、生态、文化、组织五方面全面振兴的“小浦经验”，打通“两山转化”通道，有效促进“美丽资源”变身“美丽经济”。

（二）生态示范县建设

2019年以来，长兴县生态文明暨美丽长兴建设以生态环境质量全面改善为核心，以争创国家生态文明建设示范县为目标，以第二轮中央生态环境保护督察迎检工作为重点，依托生态环境治理保护攻坚行动载体，加快推进“两山”样板地建设，生态文明建设各项工作取得新成效。

一是开展示范县创建，在完成国家生态文明建设示范市、县（区）任务的基础上，长兴县及时召开全县生态文明建设暨国家生态文明建设示范县创建工作推进会，分管县长对2020年争创国家生态文明建设示范县进行全面部署，明确32个建设指标的牵头部门，加快工作推进，确保2019年各个指标全部达到创建要求。二是推进美丽湖州建设，根据市《2019年度生态文明暨美丽湖州建设工作考核办法》，对各责任部门下发工作目标责任书，开展季度和年度自查，加快补齐短板；对各乡镇（街道、园区）下发工作考核细则，明确年度任务。三是提升生态文明示范创建，全县有3个单位入选“美丽浙江十大特色体验地”，其中长兴县获评“美丽浙江十大特色体验地”县；龙山街道获评“美丽浙江十佳特色体验地”乡镇（街道）；李家巷粉体产业转型升级案例获评“美丽浙江十大经典案例”。在第二届中国生态文明奖评选中，天能集团董事长张天任荣获中国生态文明奖先进个人。四是深化绿色细胞创建，树立绿色、健康的家庭生活理念，倡导文明、和谐的社会风尚。创建省级绿色家庭1户、市级20户，创建省级垃圾分类示范户1户。开展节约型机关创建，申报省级节约型公共机构示范单位1家，创建县级节水型单位8家。

为全面推进生态县建设工作，长兴县财政每年安排奖励、补助资金2200万元对生态县建设中已通过国家生态环境部、省、市、县生态办命名的生态乡镇（街道）、村及绿色创建命名的单位和个人，对改善农村生态环境质量建设的农村生活污水处理设施和农村生活垃圾收集清运设施，给予一定奖励。这些奖励和补助包括通过市级、省级、国家级的生态乡镇（街道）村命名；通过县级、省级命名的绿色学校奖励、绿色医院奖励、绿色饭店奖励、绿色（节能减排）社区奖励、绿色（生态、环保）家庭奖励和生态文明教育基地奖励。补助则主要包括生态文明建设、生态创建宣传教育、生态办公经费等，按每年30万元由县财政核拨。通过财政推进生态县建设，美丽长兴建设工作在“打赢污染防治攻坚战、践行‘两山’理念”的行动中成为“模范生”。

（三）产业绿色转型发展

产业绿色转型是从根本上提升生态文明质量的前提。通过多年努力，长兴传统优势产业转型取得明显成效，质量效益显著提升、创新能力持续提高，融合发展和绿色发展能力不断加强，传统制造产业结构明显优化，为传统行业转型升级提供了长兴经验。

首先是质量效益显著提升。到2020年，全县传统制造业发展质量和效益达到全国领先水平。规模以上工业增加值率达到18.5%，年均提高0.5个百分点以上；规模以上工业全员劳动生产率达35万元/人，年均增幅达到6%；全县战略性新兴产业、高新技术产业增加值占规模以上工业增加值的比重分别达到31%和41%，形成一批引领发展的主导产业和优质产品，培育形成新型电池、纺织、建材3个具有全国影响力的现代产业集群。

其次是创新能力持续提高。到2020年，全县在重点领域突破一批关键核心技术，发展一批领军型龙头企业和“专精特新”中小企业，培育形成一大批创新型企业，企业自主创新能力和产业标准话语权显著增强。规模以上工业企业研究与试验发展（R&D）经费支出占主营业务收入比重每年提高约0.1个百分点，规模以上工业新产品产值率每年提高两个百分点，每百个规模以上工业企业研发机构数达到40个，每万人拥有工业有效发明专利授权数达到15项。

再次是融合发展程度加深。到2020年，全县重点传统制造业融合发展水平进一步提升，智能制造模式广泛推广，“机器人+传统产业”行动深入开展，“互联网+”制造业新业态、新模式大量涌现，生产性服务业与制造业融合加快，培育一批省级以上智能制造示范工厂、服务型制造示范企业。全县信息化发展指数达到1.07，两化融合发展指数达到90；重点工业企业装备数控化率达到80%、机联网率达到50%。

最后是绿色发展成为主流。到2020年，全县重点传统制造业绿色制造水平显著提升，用能效率和资源集约利用水平明显提升。规模以上工业单位工业用地增加值达到116万元/亩，年均增长8%；规模以上工业单位能耗工业增加值达到0.9万元/吨标煤，年均增长5.5%；工业单位水耗工业增加值达到400元/立方米，年均增长3.3%；危险废物无害化处置率达到95%。

（四）县域环境质量有效改善

2019年，长兴PM2.5浓度均值为34微克/立方米，同比下降8.11%；空气优良率为86.1%，同比上升0.9个百分点，是全市唯一完成力争目标的县。3个国控断面（新塘、合溪、杨家浦）采测分离均值均达到考核要求（合溪、杨家浦达Ⅱ类，新塘达Ⅲ类），县控以上Ⅲ类水达标率、市控以上断面功能区达标率、集中式水源地水质达标率均为100%（其中，合溪水库Ⅱ类水以上水质达标率100%，Ⅰ类水达标87%，比上年期提高8.7%）。

加大生态保护红线管控。开展生态保护红线评估和调整工作，调整后全县生态保护红线调整方案总面积从原 160.75 平方公里增加到 163.27 平方公里，占县域的 11.4%。其中核心区 7.07 平方公里，占红线的 4.33%；一般红线区 156.20 平方公里，占红线的 95.67%。

系统推进生态建设保护。扎实推进“森林湖州”建设，目前，全县完成造林更新 1280 亩，新植珍贵树种 45.5 万株，珍贵彩色森林 3.002 万亩，全面超额完成年度任务。全县森林覆盖率 47.68%，森林保有量 101 万亩，实现稳定增长目标。推进小城镇环境综合整治，6 个乡镇已全面完成环境综合整治工作并通过省级考核验收。

强化自然保护地监督。根据国家、省、市有关“绿盾 2019”专项行动布置，组织各有关乡镇、部门参加视频会，并根据县领导批示要求，完成自然保护地自查整改工作，形成工作总结上报。2019 年 8 月份，省、市督查组来长兴县进行了实地检查，未有新增问题点。

四、推进生态文明建设的财政政策建议

（一）生态文明建设经验启发

经济车型升级的成功为推进生态文明建设奠定了物质基础，保障了经济发展、财政收入和生态文明的良性互动。为此，长兴县 2019 年成功获批省制造业高质量发展示范县、省小微企业园建设提升重点县。2020 年以来，面对新冠肺炎疫情对工业经济带来的巨大冲击，经济各项指标仍然实现了较高增长，从而带来了财政收入的提高，财政收入的稳步提高又为促进政府生态文明建设工作提供了资金保障，而生态文明

环境的改善反过来又为经济的高质量增长提供了环境。这其中财政能力起到协调作用，可以从财政收入中体现（如表7－1所示）。

表7－1　长兴县2010—2020年第二产业及主要产业财政收入

年份	第二产业	蓄电池产业	耐火产业	纺织产业	水泥产业	采矿产业
2010	240729	34366	14651	52675	21927	20700
2011	328369	27990	17004	39600	76067	22994
2012	340434	50222	17218	48118	40002	16980
2013	376114	54535	18895	52174	36364	18982
2014	412425	48807	19561	56294	41628	14406
2015	442026	61457	18939	65253	32249	17204
2016	379110	75812	17778	56005	13872	12066
2017	436932	80950	20652	53180	24791	14919
2018	560168	74354	29331	63415	73461	17139
2019	578419	89993	31067	52141	94651	15768
2020	573483	84446	31475	57252	92208	16523

资料来源：长兴县财政局。

良性经济发展模式与充裕的财政能力，提供了政府推进生态文明建设的物质基础，在此基础上政府的科学落实决定了生态文明建设的路径与结果。在依托财税政策，引导产业转型升级，实现经济发展模式向绿色、低碳、循环模式转变的同时，大力推进美丽乡村建设和积极推动生态示范县创建。通过历届政府持续不变的不懈努力，长兴生态文明建设已经取得了阶段性成果。长兴生态文明建设的成果既让人深受启发、也让人看到了不足，并为探寻改进措施提供现实基础。

1. 生态文明建设的启发

绿水青山就是金山银山，积极推进生态文明建设是发展长兴县生态产品价值实现路径的重要途径，长兴县通过排污许可证治理水污染、以PPP模式建设基础设施、确立质量标准以约束污染密集型企业的实践经验，为全国积极探索生态文明建设提供了思路。长兴县在积极的生态文明建设背景下、在严格的环境管制基础下，仍然能够提升长兴县产品的竞争力、实现长兴县诸多产业的转型升级，为县域经济能够实现弱“波特假说”提供样例，同时也为其他地区发展经济提供了政策参考，环境与经济并非一定背道而驰，合适的财政环境政策是可以实现经济、生态与财政能力的“多赢”格局。如何实现这一多赢格局，长兴生态文明建设给出的最大启发就是通过实干争先，多措并用来实现多重目标的激励相容。具体来说就是以减污降碳协同增效为导向，以生态环境改善为核心，以环保督察问题整改为抓手，统筹污染治理、生态保护和应对气候变化，更加突出精准治污、科学治污、依法治污，以更高标准打好蓝天、碧水、净土保卫战，推动全县生态环境持续改善。在“治水”方面，制定落实三大断面“一河一策”方案，全面推进治水十大行动，高效推进“污水零直排区”建设，全面开展河湖蓝藻治理，落实“拦、捞、查、预、修、通”六大机制，全面开展排放口县级核查确认，完成排放口整治或取缔工作，科学推进治水项目建设，深入推进新建改造雨污管网建设，完成污水厂清洁排放提标改造和农村生活污水微动力终端。在“治气”方面，一是推进重点行业清洁化改造，推动白岘南方SCR深度脱硝工程、华众玻璃SCR脱硝项目、旗滨玻璃脱硝备用系统建设全面完成。二是开展涉挥发性有机物企业整治，安装完成107家涉气重点企业环保设施用电过程监控。三是开展锅炉提标改造，35蒸吨/小时以下燃煤锅炉全部完成淘汰改造，112台生物质及其他燃料锅炉提标改造全部完成；69台天然气锅炉低氮改造（或淘汰）全面完成。四是深入推进柴油车船尾气治理工作，安装完成6套冒黑烟抓拍系统，筛选过路510万辆次，抽测在用柴油车210台次，非道路移动机械登记编码上牌1200辆。在“治土”方面，一是摸清治土清废“家底”，完成116个重点行业企业用地调查对象基础信息采集和空间信息整合，131家产废企业固废“健康”体检、5家企业持久性有机污染物调查和473家产废单位的信息采集工作均全部完成。二是加强污泥处置能力建设，夹浦污泥水热炭化循环利用项目日稳定处理污泥130吨，浙能燃煤耦合掺烧污泥项目建设完毕，处于调试状态。

2. 生态文明建设的不足之处

长兴县的财政环境政策虽然有效地发挥了政府与市场的各自优势，但是行政管制在特定场合仍占据主导地位，探索兼顾灵活性、效益和效率相结合的政策组合仍有不足，距离打赢污染防治攻坚战，争当践行“两山”理念模范生的目标仍然任重道远。

一是源头管控治水方面存在不足。紧盯全县水环境质量稳定达标，强化国控断面和乡镇断面流域水污染治理，确保断面水质考核达标，黑臭水体不反弹压力仍然较大。商贸集中区和乡镇全域“污水零直排”区建设存在不足，构建完善蓝藻“预、拦、捞、修、联”体系，深入开展入河排污口“一口一策”治理仍需改善。

二是精准施策治气方面存在。落实PM2.5和臭氧“双控双减”，深化重点行业清洁化改造和煤炭降量，加强挥发性有机物源头削减，完成天然气锅炉低氮排放改造，巩固城区道路和施工工地抑尘措施，落实网格化治气、智慧治气等方面都还处于探索完善阶段。

三是科学管理治土方面存在不足。按照“查、防、治、管”一体化要求，在九大重点行业疑似污染地块及供地用途变更地块场地调查监督管理，推进关闭蓄电池场地土壤污染情况调查结果应用，针对地块污染性质加强相应管控，根据土地用途有序修复，强化污染地块开发利用联动监管等方面存在改进空间。

（二）推进生态文明建设的财政政策建议

1. 发挥环境管制政策中的市场机制

政府是生态建设的最大“购买者”，应注重共用市场手段和经济激励政策来提高生态效益，营造政府主导，注重市场手段和社会参与的生态补偿机制。因此，在继续发挥政府主体作用发挥的同时，应注重发挥市场机制对生态环境的引导作用，积极探索建立“易地减排”合作机制，生态环境产权交易机制、价格机制和相关责任机制等新型生态文明建设手段，其中最主要的是探索创新更先进的生态文明建设治理机制，只有创新才能实现环境与经济的协同发展。

具体来说，以创新驱动推进绿色发展的市场机制理念包含以如下几点含义：一是推动绿色产业发展。完成亩均英雄改革，积极推进规模以上工业亩均税收增长，推动小微企业入园集聚，淘汰落后产能企业，加快“低散乱”企业整治，完成企业强制性清洁生产认证。二是强化资源节约和循环利用。以争创省级资源循环利用示范城市（基地）试点为契机，推进循环经济建设，争取更多项目列入省循环经济实施计划，推进“大花园”建设，将诸如龙之梦、爱康等建设项目列入省大花园年度重点项目，并实施最严格节约用地制度，完成盘活存量建设用地。三是推动形成绿色生产生活方式。积极实施公交优先战略，逐步提高市民绿色出行率和公交分担率，优化公交线网，缓解城市拥堵，可以通过新增公交线路，新建改造城乡公交站点，提升公交出行分担率；通过积极推进民生实事和“放心消费”，完成改造提升农村家宴放心厨房，打造名特优食品作坊，亮化达标小微食品生产企业。发展绿色建筑，完成既有公共建筑节能改造，打造长兴新能源小镇城市客厅示范项目。开展绿色产品认证，倡导推行光盘行动、一次性用品限用、快递绿色包装等各项绿色生活工作。

2. 合理选择正确的政策工具

要注重税收手段与多种经济手段并用，构建完善的环境税费制度体系。在当前加快推进生态文明建设的大背景下，财税部门应积极建言，呼吁尽快完善和出台与生态文明建设密切相关的税收政策。同时要立足浙江省情，不断优化服务，加强部门协作，发挥相关财税政策的最大效应，通过齐抓共管实现经济发展下的生态保护。

一是加大生态保护红线管控。开展长兴县生态保护红线评估和调整工作，进一步扩大生态保护红线总面积。二是系统推进生态建设保护。扎实推进“森林湖州”建设，确保实现全县森林覆盖率和保有量稳定增长。推进小城镇环境综合整治，全面完成环境综合整治工作并通过省级考核验收。三是强化自然保护地监督。根据国家、省、市有关专项行动布置，组织各有关乡镇、部门参加视频会，并根据县领导批示要求，完成自然保护地自查整改工作，形成工作成效。四是加大生态环境整治修复。完成湿地植被恢复，扩大湿地治理面积，加强水土流失治理，推动矿山完成绿色创建。五是大力推进生活垃圾分类。编制印发《长兴县城镇生活垃圾分类和资源回收利用中长期规划》。全面铺开城镇生活垃圾分类和单位生活垃圾强制分类，推动全县219个村（居）、2351个自然村开展农村生活垃圾分类，处理率双双达到100%，农村生活垃圾分类工作继续保持市第一、省前列。六是综合运用在线监控。通过在线监控线索查处超标排放，办理超标督办，推进重点排污企业安装扩面，完成水泥窑头废气监控安装、推动废气企业全流路改造及湿度仪加装，完成辖区内生活垃圾焚烧厂“一炉一套”改造工作；完成企业自动监控站门禁系统建设，积极引进第三方专业运维服务，加强在线监控设备驻点化监理。

第八章

共同富裕建设的财政政策探索

习近平总书记指出："共同富裕是中国特色社会主义的根本原则，所以必须使发展成果更多更公平惠及全体人民，朝着共同富裕方向稳步前进。"① 共同富裕作为马克思主义的基本目标，作为解决中国社会主要矛盾的必然之路，其实现有赖于一定的制度安排和政策设计。财政政策是实现国家治理现代化的基础和支柱，是促进社会财富增加和实现财富合理分配的重要工具。党的十九大以来，长兴县按照统筹城乡经济社会发展的要求，就如何完善解决社会主要矛盾，推动实现共同富裕，助推浙江省构建共同富裕示范区等进行有益的探索。

---

① 习近平谈治国理政（第一卷）［M］. 北京：外文出版社，2018：13.

一、共同富裕财政政策的认识和理解

习近平总书记在党的十九大报告中明确指出："中国特色社会主义进入新时代，我国社会主要矛盾已经转化为人民日益增长的美好生活需要和不平衡不充分的发展之间的矛盾。"① 其中，贫富差距的问题是当下社会主要矛盾的主要表征之一。在中国取得全面建成小康社会的伟大胜利以来，绝对贫困业已历史性消除，但是相对贫困仍旧存在，并成为当下中国进入新发展阶段所着重解决的问题。因此，解决相对贫困、实现共同富裕成为党和国家所要长期面对的重要课题。

（一）"共同富裕"的意涵阐释

理解何为"共同富裕"是认识"共同富裕财政政策"的前提。在古代，人们就对共同富裕描绘了一系列美好图景，并为实现共同富裕策划一系列的方案和措施。孔子在《论语·季氏》中指出："不患寡而患不均，不患贫而患不安。"此外，孔子描述了"大同"社会和"小康"社会的应然状态。在近代的太平天国运动中，农民领袖提出了"有田同耕，有饭同吃，有衣同穿，有钱同使，无处不均匀，无人不饱暖"②的理想社会共同富裕图景。在国外，柏拉图的《理想国》、托马斯·莫尔的《乌托邦》、康帕内拉的《太阳城》、约翰·罗尔斯的《正义论》、卢梭的《论人类不平等的起源和基础》等分别从体制、财政等不同角

---

① 决胜全面建成小康社会 夺取新时代中国特色社会主义伟大胜利——在中国共产党第十九次全国代表大会上的报告［M］．北京：人民出版社，2017：17.

② 太平天国史论文选（下）［M］．北京：生活·读书·新知三联书店，1981：848.

度提出实现共同富裕的见解。马克思则站在历史唯物主义的视角揭示了人类反贫困、实现共同富裕的理论逻辑和实践逻辑，即人类在自身利益和需要的促动下，通过从事生产劳动来不断扩大物质财富。同时，马克思和恩格斯在痛斥资本主义制度和分配方式不公的基础上，进一步描绘了共同富裕的场景："由社会全体成员组成的共同联合体来共同地和有计划地利用生产力；把生产发展到能够满足所有人的需要的规模；结束牺牲一些人的利益来满足另一些人的需要的状况；彻底消灭阶级和阶级对立；通过消除旧的分工，通过产业教育、变换工种、所有人共同享受大家创造出来的福利，通过城乡的融合，使社会全体成员的才能得到全面发展。"①

中国共产党结合中国的实际对于马克思主义共同富裕思想作出了重大创新，党和国家领导人也针对中国的发展特点，赋予共同富裕不同历史阶段以不同的内涵，不仅首次明确提出共同富裕的概念，建设了社会主义公有制，更深入探索了共同富裕思想的本质内涵和实现共同富裕的方法论，进一步推动了马克思主义的共同富裕思想从设想变成现实。在社会主义初级阶段，党和国家领导人就共同富裕的论题提出诸多论断，秉承着"发展才是硬道理"的宗旨，共同富裕并非指社会财富分配的绝对平均，而是主要落脚于调动一切积极力量做大社会物质财富的"蛋糕"，尽可能地消除绝对贫困。在全面建设社会主义现代化的新发展阶段，围绕社会主要矛盾，共同富裕的内涵逐渐转变为在尽可能做大"蛋糕"的基础上，实施"精准扶贫、精准脱贫"以逐渐缩小社会成员收入差距和财富占有量，解决相对贫困的问题。同时，"创新、协调、绿色、开放、共享"新发展理念的提出，也给共同富裕提出更高的标准和要求。新发展理念是对我国经济发展实践经验的科学总结，是习近平新时代中国特色社会主义经济思想的重要理论成果，也是新时代

① 马克思恩格斯文集（第一卷）[M]. 北京：人民出版社，2009：723.

发展中国特色社会主义的科学指南。全体人民在新发展理念的指导下朝着“共同富裕”的方向稳步前进。以前所未有的历史高度定位财政，赋予其在社会主义现代化进程中的关键地位。

（二）“共同富裕财政政策”的内涵解读

如何实现共同富裕是党和国家领导人始终重视并致力提升的重要论题。而共同富裕的实现不仅依靠理论蓝图的规划，更有赖于一定实践措施的执行。财政政策的实施就是促进实现共同富裕的重要手段。一方面，通过财政政策调节和提升物质生产率，做大“经济蛋糕”，保持经济健康快速增长，这是实现共同富裕的必经之路。在我国，从经济恢复时期的“平衡财政收支，稳定物价”，到“多快好省地建设社会主义”再到“建设社会主义市场经济体制”，党和国家在不同历史时期制定具有时代特色的财政政策，由此调动社会各方面积极性，促进了社会物质财富的快速增长，为实现共同富裕打下坚实的物质基础。另一方面，合理有效的分配制度是实现共同富裕的着力点。从“打土豪、分田地”，到走合作化道路和“一大二公”，再到“让一部分人、一部分地区先富起来”，我国的分配制度也随着不同时期的经济发展而不断调整和深化发展。财政政策作为再分配的重要手段，要切实解决一些领域分配不公问题、防止收入分配差距过大、规范收入分配秩序。党的十八届三中全会以来，党和国家也以前所未有的高度将财政政策定义是为“国家治理的基础和重要支柱”，指出财政政策在做大社会总产品、促进社会和平中的重要职责，同时也将财政政策与促进国家治理体系现代化紧密对接，在更高平台上、更广范围内发挥其基础性和支撑性作用。

因此，无论是从社会总财富的增加抑或促进财富的合理分配，财政政策在此层面发挥了巨大作用。具体而言，能够实现共同富裕的财政政策包括如下几点：

1. 扩大财政收入是实现共同富裕的根本手段

实现共同富裕的前提在于社会总财富的增加和公平合理的分配方式。一方面，坚持建设社会主义市场经济体制是实现共同富裕的必然要求。以浙江为例，通过转变经济增长方式、调整产业结构和经济发展布局、完善社会主义市场经济体制以及提高自主创新能力等手段，让有限的资源发挥更大的效益，推动在“腾笼换鸟”中实现“凤凰涅槃”。另一方面，税收不仅是财政收入最主要的来源，政府更能通过税收的形式参与到国民收入的分配中。在浙江的发展中，通过不断鼓励民营经济的发展，使其创造了七成的税收以及近九成的就业岗位，为扩大财政收入做出重要贡献。此外，国有企业作为我国公有制经济的重要组成部分和实现形式，是公共财政的重要来源。在新发展阶段，坚持“两个毫不动摇”的基础上，深化国有企业改革、支持民营企业发展成为我国新时代背景下经济发展的重要方式。①

2. 合理的分配制度是实现共同富裕的直接手段

一方面，坚持社会主义公有制是实现共同富裕的根本保障。习近平总书记指出：“公有制主体地位不能动摇，国有经济主导作用不能动摇，这是保证我国各族人民共享发展成果的制度性保证，也是巩固党的执政地位、坚持我国社会主义制度的重要保证。”② 生产资料的所有制关系、财产占有关系决定着人与人在生产中的关系以及收入的分配关系。社会主义公有制决定着收入分配的按劳分配的基本原则。另一方面，合理的财政支出是实现共同富裕的重要策略。财政投资是通过政府预算拨款和预算外的资金流向，以实现满足社会公共需要，以及调节产业结构的目标。

3. 高质量发展是共同富裕的重要基础

“在高质量发展中促进共同富裕”，这是习近平总书记在中央财经

---

① 李保民，王志钢：国有企业是落实“两个毫不动摇”的中坚力量［J］. 中国中小企业，2012（7）：58－59.

② 习近平在中央政治局第二十八次集体学习会上的讲话［N］. 人民日报，2015－11－25.

委员会第十次会议上对实现共同富裕基本路径的概述。《中共中央　国务院关于支持浙江高质量发展建设共同富裕示范区的意见》明确要求，浙江要“率先探索实现高质量发展的有效路径”。从中央顶层设计到浙江示范区方案，“高质量发展”始终是“共同富裕”的内在前提。治国之道，富民为始；富民之要，在于发展。要实现共同富裕，没有高质量发展作为基础是很难实现的。财政的“蛋糕”不做大，光强调分配的公平，有可能达到的只是“共同贫困”。从内涵要义看，高质量发展就是“能够很好满足人民日益增长的美好生活需要的发展，是体现新发展理念的发展，是创新成为第一动力、协调成为内生特点、绿色成为普遍形态、开放成为必由之路、共享成为根本目的的发展”。实现共同富裕，要求国家财富的“蛋糕”不仅体积要更大，分量还要更足。只有高质量发展，才能做大做实“蛋糕”，为共同富裕夯基垒土。

4. 科学有效的财政预算是实现共同富裕的重要工具

在政策设计方面，各级政府要根据往年的收支状况和收支结构，估算和确定未来一段时间的财政收支计划。通过一定的财政预算，不仅能够确定政府的收入和资源，以促进实现合理的分配和消费，更能够通过分析政府财政收入和支出方向，把握政府的政策取向，同时也更能促进各级政府的有序工作，避免了工作的盲目性。对处于新发展阶段的浙江而言，全面激活体制机制活力，在做大“蛋糕”的基础上更重视分好“蛋糕”，建立健全“先富带后富”机制，提高收入分配质量，以缩小地区差距、城乡差距和收入差距为主攻方向。

二、推动共同富裕建设财政政策的实践

近年来，长兴县为扎实推进共同富裕，以科学编制财政预算、扩大

财政收入、合理分配制度为出发点，以推动公共服务为着力点，以实现乡村振兴为切入点，以提升城乡人民生活水平为落脚点，以打造浙江省共同富裕示范区为契机，率先走出了一条支持国有经济和集体经济、推动精准扶贫的符合实际的新路子，形成可复制推广的经验做法，为逐步实现全体人民共同富裕作出示范。

其一，长兴县具备开展示范区建设的代表性。从规模看，长兴县的面积、人口具有一定的规模，这是实现共同富裕的基本保障。从城乡看，长兴既有城市也有农村，城镇人口相对较多，城镇化率约64%。其二，长兴县是浙江省发展最快的区县之一。长兴县由于地理位置特殊、驻军部队众多，直到1999年才被国务院批准为对外开放县，是浙江省对外开放最迟的三县之一。尽管开放较迟，但长兴经济一直稳步快速增长。尤其在党的十九大之后，长兴县通过聚焦高质量发展，实现了高速高质的发展。其三，长兴县具有较强的县域治理能力。长兴县高度重视城乡统筹发展，扎实推进县域生态文明建设、城乡人居环境改善，已累计荣获国际花园城市、中国人居环境奖、国家生态县、全国文明城市、全国农村生活污水治理工作示范县、全国休闲农业与乡村旅游示范县等诸多荣誉。其四，长兴县开展示范区建设的空间和潜力还较大。长兴县在优化支撑共同富裕的经济结构，完善城乡融合、区域协调的体制机制，实现包容性增长的有效路径方面都还有较大的探索空间。尤其是正确处理好稳定扩大就业与技术进步的关系，发展过程中如何有效破解用地不足、资源约束等矛盾，如何形成先富帮后富、建立有效提高低收入群体收入的长效机制，反垄断和防止资本无序扩张等，都迫切需要探索创新。

（一）在做好共同富裕的财政预算方面

财政预算是主要通过预算收支规模及平衡状态的确定、收支结构的安排和调整来实现财政政策目标，反映国家的施政方针和社会经济政策，规定政府活动的范围和方向。

1. 在财政预算的执行方面

通过对比长兴县2016—2021年财政收入，可发现其财政收入连年稳步增加，且主要来源于增值税、企业所得税、个人所得税、城建税、契耕两税等，其中增值税部分所占比重最大。财政支出主要应用于一般公共服务、公共安全、教育、科学技术、文化旅游体育与传媒、社会保障和就业、卫生健康、节能环保、城乡社区、住房保障、农林水等方面，其中一般公共服务所占支出的比例最高。财政预算执行的整体特点，在财政收入方面，传统行业的税收不断减少，第三产业、新兴产业如商业、金融、房地房产等税收不断增加；在财政支出方面，有关惠民、惠企的支出不断增加。体现了长兴县以振兴经济为目标，以促进城乡协调发展，建设贫富差距，增强人民群众“获得感、幸福感、安全感”为宗旨的财政预算方针。

2. 在财政管理体制的改革方面

根据现行的省对县财政管理体制和县财政的承受能力，长兴县乡镇（不含雉城街道、龙山街道）实行“划分收支范围、核定收支基数、完成基数分成、分类超收分成、自求财力平衡”的财政管理体制。雉城街道、龙山街道实行“划分收支范围、核定支出基数、收入综合分成、自求财力平衡”的财政管理体制。简而言之，即“划分收支，自求平衡；确定基数，分类分成”。通过推动长兴县财政管理体制的改革，充分调动了乡镇“生财、聚财、用财”的积极性，促进财政收入实现新跨越。同时，随着经济快速发展，县财政实力的增强，按照保障、激励、发展的原则，县财政赋予乡镇相应的财权，进一步向乡镇倾斜，真正实现了县乡两级财政“双赢”，注重激励发展，更加突出财政体制对乡镇经济发展的导向和激励作用，支持产业集聚，做大做强优势产业和经济强镇，使乡镇的财政实力得到新增强。此外，长兴县乡镇始终秉持着坚持依规安排支出的原则、坚持保障的原则，根据乡镇事权，顶格保障乡镇正常运转的基本支出需求，保证了乡镇必需的公共支出和必要的正常运转支出。为促进乡镇社会事业均衡发展，实现共同富裕，县财政按常住人口60元/年·人安排社会事业发展资金，补助给乡镇用于社会事业发展。事权和财力的匹配，给乡镇财政更多的财力支持，以满足乡镇财政提供基本公共服务能力。由此，乡镇财政管理实现了新提升。乡镇财政通过实行“条块结合、以块为主”的管理体制，使各项收支统一纳入财务统一管理、统一核算，同时颁布了一系列财务管理的相关意见，促进财务管理的制度保障，强化了财政财务的监督检查制度。

（二）在扩大收入基础方面

实现共同富裕的首要举措在于扩大收入基础。就此而言，长兴县首先通过融投资方式，筹集企业发展资金，为壮大国有企业实力提供资金基础。投融资方式是筹集企业生产经营所用资金的主要形式。

1. 通过相关融投资方式，扩大国有企业收入

其一，长兴县通过设置资金池，提高资金使用效率。2016年长兴县成立投融资服务中心，以县属国有企业为载体，通过授权县内国有企业归集的形式建立现代国有企业资金池制度，制定了完善的资金池实施细则，避免了资金沉淀在成员单位，提高了资金使用效率，为做大企业“蛋糕”做好保障。其二，设置国有企业战略项目周转金。2018年11月，设立长兴县国有企业战略项目周转金。由县财政和县“4+3”等主要国有企业遵照专款专用、注重效益、控制风险的原则筹集资金，重点用于县“4+3”国有企业还贷资金临时周转。同时还印发《长兴县国有企业战略项目周转金管理暂行办法》，战略周转金的设立进一步缓解了县内国有企业资金临时周转压力，避免了资金沉淀。其三，提供国

有企业融资成本分类指导。2016 年起长兴县实行融资利率指导制度，由县投融资服务中心不定期发布《长兴县国有企业融资成本分类指导表》，对企业债、项目收益债、专项债、公司债、中票、短融、PPN/公司债回售、政策性银行贷款、县内外银行贷款、信托、租赁、私募等各类主流融资工具综合成本进行指导。2020 年投融资服务中心又根据县内融资主体评级差异，分级细化融资成本分类指导表。通过国有企业融资成本指导管理，长兴县综合融资成本为市域范围三县两区最低。其四，长兴县还通过建立全县国有企业发行债券承销券商竞争性选拔目录库，邀请招投标，引入竞争机制等手段扩大企业经营资金，推动资产的效益化管理，促进企业发展。

2. 通过创立“帮扶基地”，促进农民增收

2018 年以来，长兴县充分发挥各级组织和县乡农合联的作用，全县形成“领着干、跟着学、合力帮、共致富”的良好局面。全县围绕“社户对接、助农增收”这条主线，突出“对象怎么定、产业怎么选、农户怎么扶、技术怎么教、产品怎么销、政策怎么补、结对怎么帮、成效怎么评”等八个关键环节，通过首创“三有”认定标准，保障帮扶对象识别准、依托区域特色产业，实现种养品种精准对接、坚持自主发展为主导，多重施策帮扶稳、实施“会员 + 农户”帮带模式，农技服务一对一、推行自销为主、包销兜底，确保农产品销售有保障、突出关键环节，打通政策保障新通道、社会联动参与，合力帮扶氛围浓、坚持“三率两度”，评价机制求真实等手段的实施，力促产、供、销、技术和金融等帮扶深度融合，建立农合联及会员帮扶低收入农户稳步增收的长效机制和服务共享平台。由此，全县累计帮扶 2198 户、5297 人（其中 2018 年帮扶 1525 户、3825 人，2019 年帮扶 1679 户、3981 人，2020 年帮扶 1638 户、3831 人），建立帮扶基地 65 个，创建示范基地 23 个，不仅在 3 年实现总增收 1. 2 亿元，更转变了低收入农户的脱贫心态，实现了脱贫奔小康。

3. 建设“众筹众创”模式，推动增加村集体收入

其一，长兴县充分利用工业化、城市化辐射效应，按照“联建、联购、联办、联设”的“众筹众创”模式，以村级集体经济组织为受益主体，由乡镇（街道、园区）牵头，引导多村抱团发展村级集体经济。其二，长兴县立足农村三次产业发展现状，由村级集体经济组织创办各类服务主体，开展社会化经营性服务，通过收取服务费、劳务费等方式增加集体收入。其三，长兴县还鼓励乡镇（街道、园区）按照“村级收入保持稳定、集体资产不断优化”的要求，鼓励统一租赁家庭承包地，鼓励引进现代农业、田园综合体、乡村旅游等优质项目。鼓励通过盘活村级空置房产，开展田园寄宿养老试点工作，以增加村集体收入。其四，长兴县按照“优化资源聚集、拓宽增收渠道”的思路，进一步发挥村级组织在发展壮大集体经济中的推动作用。立足促进人口、土地、产业等要素资源集聚，按照“规模适度、优势互补、就近就便、整撤整并、尊重意愿、依法办事”的原则，将人口相对较少、资源相对贫乏、经济相对薄弱、班子建设后进的村，根据中心村布局优化和城镇建设需要，科学合理进行撤并。全面实行村干部集中办公，严格取消包括主职干部在内的所有村干部个人办公室，腾空的场所转为物业用房，用于增加集体收入。除了“开源”以外，长兴县还强化三资监督管理。按照《浙江省农村集体资产管理条例》，严控村级非生产性开支，抓好农村票据规范管理和农村财务公开，保障农民的知情权、参与权、决策权和监督权。落实村级重大事项决策程序，加强村级民主理财、民主监督，防止集体资金、资产、资源流失。

通过一系列政策执行，表 8 - 1 显示了长兴县财政收入不断增长的变化趋势，具体而言分为两个阶段：第一阶段即 2011—2016 年，这一时期财政收入呈稳步上涨趋势；第二阶段即 2017—2020 年，在党的十九大召开之后，这一时期长兴县通过探索一系列措施，使财政收入呈现新高速发展态势。

表 8－1　　　　长兴县 2011—2020 年财政收入表

项目	2011 年	2012 年	2013 年	2014 年	2015 年	2016 年	2017 年	2018 年	2019 年	2020 年
财政总收入（万元）	545366	621718	681088	701566	743618	790788	870288	1026788	1143788	1217598
增幅（%）	36.01	14.00	9.55	3.01	3.00	6.30	10.05	17.98	11.39	6.45

资料来源：长兴县财政局。

（三）在分配制度方面

党的十九大以来，中国特色社会主义进入新时代，长兴县也进入全新的发展阶段。如何解决发展不平衡不充分的矛盾、推动实现共同富裕，是长兴县始终关注的重要问题。对此，长兴县贯彻 2019 年重要经济工作会议精神，以“稳”字当头，始终秉承国家赋予浙江“重要窗口”的新要求、对照人民群众对美好生活的新期待，立足财政的职能和责任担当，保障财政支出的稳步增长（如表 8－2 所示），同时继续转变扶贫思路，加大财政的转移性支出，着重增加人民收入，尤其是农民收入，让长兴县人民有更多获得感、幸福感。

表 8－2　　　　长兴县 2011—2020 年财政支出表

项目	2011 年	2012 年	2013 年	2014 年	2015 年	2016 年	2017 年	2018 年	2019 年	2020 年
一般公共预算支出（万元）	353020	388625	473330	514130	590554	574611	630843	715779	810950	902017
增幅（%）	22.78	10.09	21.80	8.62	6.71	－2.70	9.79	13.46	13.30	11.23

资料来源：长兴县财政局。

1. 通过“双扶”“双富”政策，推动农民增收

2019 年以来，长兴县以落实乡村振兴战略为主线，创新推出以帮扶集体经济发展后进村和帮扶低收入农户为主要内容的“双扶”行动，

精准实现村级集体经济、低收入农户“双富”。《精准“双扶”助力低收入农户脱贫增收》典型案例入选国家乡村振兴局《中国减贫奇迹怎样炼成》。其一，长兴县通过机制先行把方向、亮晒比拼浓氛围、政策优先强保障等手段，将“双扶”行动列入年度民生实事和“双提十攻坚”行动内容，同时建立财政优先保障、金融重点倾斜的多元化投入机制，促进“双扶”“双富”政策的落地生根。其二，长兴县通过结对“包”帮扶、金融“惠”帮扶、社会“爱”帮扶等方式，集聚帮扶力量合力谋“双富”。对此而言，长兴县不仅建立“部门＋集体经济后进村”的帮扶机制，还推行“兴村贷”“兴扶贷”等贷款产品，为全县村级集体经济发展、低收入农户产业发展等提供信贷支持，同时全县各企业主体、社会团体及个人，也共同参与到“双扶”工作中来，最大限度凝聚各方力量，促进共建共享。其三，通过模式创新促发展、壁垒破除明发展、人才输送强发展等手段，创新发展攻坚破难助“双扶”。就此而言，长兴县立足“三位一体”的发展模式，县领导深入一线调研，排摸“双扶”发展障碍，同时确立以提升村书记综合素质为出发点，连续16年开展基层干部教育培训班，挖掘一批脱贫致富带头人，等等。

2. 通过优化政府采购金融服务等，促进中小企业发展

长兴县通过推动中小企业的发展，大力推动PPP模式，进而“留富于民”。对此，其一，长兴县利用政采云融资平台，为中小微企业提供“政采贷”融资桥梁，鼓励各大银行向参与政府采购活动的供应商提供“政采贷”无抵押、纯信用、利率优惠、手续简便的金融服务，着力解决企业融资难、融资贵、融资慢、融资繁等问题。其二，认真贯彻落实政府采购促进中小企业发展管理办法。要求采购人落实预留采购份额、价格评审优惠、优先采购等措施，提高中小企业在政府采购中的份额。其三，取消投标保证金收取，降低履约保证金缴纳比例，切实降低交易成本。其四，要求代理机构和采购单位在政府采购招标文件及合同中约定预付款，且预付款比例不低于合同金额的30%；项目分年安

排预算的，每年预付款比例不低于项目年度计划支付资金额的 30%。采购项目实施以人工投入为主的，可适当降低预付款比例，但不得低于 10%。与疫情防控有关的采购合同最高预付比例可达 100%，减轻供应商履约合同资金压力，切实增强供应商履约能力。其五，倡导和鼓励更多符合条件的本地中小微企业和个体工商户注册、入驻政采云，通过政采云电子卖场中的网上超市和网上服务市场进行线上政府采购交易，降低供应商供货成本，提高供货效率。

3. 通过发布惠民保险，助推“精准扶贫”全覆盖

提高百姓收入，不仅是做好扶贫工作的关键，更是促进共同富裕的重要手段。近年来，长兴县认真贯彻落实中央及省市有关扶贫工作的决策部署，以“小康路上、不落一人”为工作底线，以“社户对接、产业扶贫”为抓手，扎实开展“十百千万”助农增收帮扶行动（即依托十大特色产业，发动百家以上农合联会员单位，结对帮扶千户以上低收入农户，实现户人均年收入持续增收万元以上），通过 3 年努力，累计帮扶 2198 户，户均增收 6.1 万元，持续帮扶户人均增收 3.4 万元，使 1224 户稳定脱贫，涌现了一大批自强不息、摆脱贫困的农户典型。为全面加强健康扶贫工作，提高政府兜底保障水平，切实缓解困难群众因疾病而产生的经济压力，长兴县采取各项措施，促进低收入者收入稳步增长，有效解决了县域内农民增收方面的不协调不充分的矛盾，构建了共同富裕的县域典型。具体而言，其一，长兴县设置专项扶贫资金，2018 年起 3 年内，县财政每年安排 2000 万元专项资金用于村级集体经济发展，每年安排 1000 万元专项资金用于长兴县“十百千万”帮扶工程。其二，长兴县实施兜底保险项目。从 2021 年 4 月份开始实施低收入农户健康补充保险项目，坚持突出重点、全面惠及、兜底保障，理赔简便、政府主导、推进有力的原则，由政府出资为全县 12085 名困难群众购买扶贫健康保险，真正实现了困难家庭 100% 全覆盖，确保“小康路上一个都不能少”。

三、共同富裕建设财政政策的基本成效

近年来，长兴县在推动实现共同富裕方面开展了多重举措，产生了诸多成效。2021 年 6 月 10 日，《中共中央、国务院关于支持浙江高质量发展建设共同富裕示范区的意见》发布，赋予浙江重要示范改革任务，先行先试、作出示范，为全国推动共同富裕提供省域范例。对此，长兴县要继续深化财政政策的革新，努力成为打造共同富裕示范区的省内先行者。

（一）编制了行之有效的财政预算

财政预算是政府调节经济和社会发展的重要工具。科学合理的财政预算能够有效推动当地政治经济的发展。近年来，长兴县一直致力于深化财政改革，规范了政府收支行为，财政科学化精细化管理水平显著提高，为扩大财政收入、进行资源合理分配奠定了坚实的体制基础和制度保障。对此，长兴县一方面坚持稳中求进总基调，持续抓好收入组织工作。按照“匹配性、均衡性、可持续性”的要求，合理把握组织收入的进度、力度和节奏，加强预测分析，深入研判疫情对财政收入的影响，充分考虑减税降费等政策因素，细化工作举措，确保财政收入平稳健康增长。另一方面重点关注收入质量，做优做强地方财力。着力提高税收占一般公共预算收入的比重，夯实地方财政收入基础，增加可用财力规模。牢固树立培育可用财力的理念，大力招引优质税源企业，加快助推重点行业项目投产达产，做大做强地方“财力蛋糕”。

以 2020 年为例，尽管此年度的经济发展遭遇到新冠肺炎疫情的冲

击，但长兴县仍然坚持“两手都要硬，两战都要赢”的原则，设置稳定的财政政策和财政预算。对此，长兴县一是积极支持企业复工复产，推动各项财税政策落实落地。全年累计兑现（含补助、减免、缓缴等）惠企政策资金88.48亿元。一是用好减税降费政策工具，切实减轻企业负担。二是加快兑现政策资金。全面统筹落实防疫情、积极推动“两直”资金和“湖八条”“湖九条”等惠企政策落地，有效化解疫情对经济的不利冲击，加快政策资金兑现，全县兑现专项扶持资金5.7亿元。此外，长兴县严格贯彻落实政府过紧日子要求，坚持“保增长、保民生、保稳定”的公共财政取向，从严从紧管好财政支出。一是保基本运转，坚持政府过紧日子的理念，按照“应保尽保，应减尽减，应压必压，可延尽延”的压减原则，落实落细压减非急需，非刚性支出措施。二是办好民生实事。公共安全、教育、科学技术、社会保障和就业、卫生健康、城乡社区等各类民生支出共计65.48亿元，增长4.06%，占一般公共预算支出比重为72.6%，民生重点支出保障有力。

（二）有效扩大了财政收入

长兴县以“高质量发展，振兴实体经济”为目标，以“落实减税降费政策”为切入点，以“管理与服务创新”为载体，坚持实干争先，全面优化财政管理制度，充分发挥财税支撑、保障、引导等职能，综合运用税收、财政补助、贴息、以奖代补、产业基金等政策手段，突出围绕振兴实体经济、扶持民营经济发展、做强提效工业平台、产业转型升级、培育现代化强企等重点支持领域，及时谋划支持高质量经济发展的政策储备和各种风险应对举措，扎实落实各项减税降费措施，确保减税降费政策落地生根，为促进高质量经济发展提供有效保障。同时，通过兑现政策继续给市场主体直接“输血”，持续激发市场主体活力，助力市场迸发合力、转型升级，以政策大优惠促长兴高质量发展。同时，促进新项目促新产出。随着项目大力招引和产业振兴提升工程，为扩大实体经济发展不断注入新的动能，新引进项目税收产出，夯实财政收入基础。因此，通过相关投融资、创设帮扶基地、推动村集体经济的发展等手段，长兴县有效扩大了财政收入，为促进实现共同富裕打下坚实的基础。对此，长兴县主要采取盘活资金的模式，不仅通过设置资金池、设置国有企业战略项目周转金等方式盘活国有企业资金，促进国有企业生产经营资金的扩大。同时，长兴县还以帮扶或者投资的形式，依托区域优势，调动农户生产积极性，扩大财政收入，此外，长兴县还努力盘活财政存量资金。及时分类清理存量资金，对清理收回的存量资金进行统筹安排使用，避免形成“二次沉淀”，仔细甄别财政借出款项，加大催收，及时收回，彻底整改。

（三）促进了财富合理有效分配

在做大“蛋糕”的同时，促进财富合理有效地分配是推动实现共同富裕的重要方式。长兴县依托浙江省打造共同富裕示范区的重要契机，充分发挥财政的保障性作用，以改善民生为着力点，以提高人民收入为核心，扎实推动实现共同富裕。长兴县在县辖区坚持以“帮扶”带动“帮扶”，围绕“人民过好日子”的目标，把改善民生落到真金白银上，确保民生支出只增不减，让更多的人在共建共享中有更多获得感。首先，促进人民的生产生活的思维方式的转变，开展了一系列以保障民生为重点的资源分配政策，极大激发了群众开办农家乐、电商、农业产业等创业热情。其次，乡村产业的快速发展和业态的不断丰富，为当地群众带来了大量的就业机会，特别是50岁以上的劳动力，在家门口实现了就业，平均每人每年能收入1万多元，最高可达到6万元左右，再次，长兴县按照上级“稳中快进、能快则快”的原则，进一步加快资金拨付使用进度，进一步加强对经营困难企业和困难群众的帮扶力度，放大资金效应。最后，按照公共财政的要求，加强部门预算与执行分析的有效结合，深入开展财政资金绩效评价，全面分析财政资金使用效果。并按照“三保”要求，既要尽力而为，又要量力而行。不断完善民生投入的长效机制，继续重点支持实施政府“十方面实事”和教育、医疗、就业、社保、保障房等民生事业。此外，长兴县还要巩固脱贫成果，整治相对贫困的状况。对此，需要继续强化投入保障，管好用好专项扶贫资金，加大转移支付和债务限额分配向贫困地区的倾斜力度，深入实施产业、就业、教育、健康和社保扶贫，防止返贫并支持改善贫困地区基础设施和生产生活条件，持续解决相对贫困问题。

四、进一步推进共同富裕财政政策建设的建议

（一）建设科学有效的财政预算是关键

近年来，长兴县一直致力于深化财政改革，规范了政府收支行为，财政科学化精细化管理水平显著提高，为扩大财政收入、进行资源合理分配奠定了坚实的体制基础和制度保障。对此，长兴县一方面坚持稳中求进总基调，持续抓好收入组织工作。按照“匹配性、均衡性、可持续性”的要求，合理把握组织收入的进度、力度和节奏，加强预测分析，深入研判疫情对财政收入的影响，充分考虑减税降费等政策因素，细化工作举措，确保财政收入平稳健康增长。另一方面重点关注收入质量，做优做强地方财力。着力提高税收占一般公共预算收入的比重，夯实地方财政收入基础，增加可用财力规模。牢固树立培育可用财力的理

念，大力招引优质税源企业，加快助推重点行业项目投产达产，做大做强地方财力的“蛋糕”。

（二）以扩大财政收入为重点

长兴县以“高质量发展，振兴实体经济”为目标，以“落实减税降费政策”为切入点，以“管理与服务创新”为载体，坚持实干争先，全面优化财政管理制度，充分发挥财税支撑、保障、引导等职能，综合运用税收、财政补助、贴息、以奖代补、产业基金等政策手段，突出围绕振兴实体经济、扶持民营经济发展、做强提效工业平台、产业转型升级、培育现代化强企等重点支持领域，及时谋划支持高质量经济发展的政策储备和各种风险应对举措，扎实落实各项减税降费措施，确保减税降费政策落地生根，为促进高质量经济发展提供有效保障。同时，通过兑现政策继续给市场主体直接“输血”，持续激发市场主体活力，助力市场迸发合力、转型升级，以政策大优惠促长兴高质量发展。另一方面，促进新项目新产出。随着项目大力招引和产业振兴提升工程，为扩大实体经济发展不断注入新的动能，新引进项目税收产出，夯实财政收入基础。

（三）以保障民生、提高人民生活水平是关键

长兴县坚持保重点惠民生，集中财力保障疫情防控、稳企稳经济稳发展各项工作，对标县委县政府重点项目，升级集中财力办大事政策体系。围绕“人民过好日子”的目标，把改善民生落到真金白银上，确保民生支出只增不减，让更多的人在共建共享中有更多获得感。长兴县按照上级“稳中快进、能快则快”的原则，进一步加快资金拨付使用进度，进一步加强对经营困难企业和困难群众的帮扶力度，放大资金效

应。同时，按照公共财政的要求，加强部门预算与执行分析的有效结合，深入开展财政资金绩效评价，全面分析财政资金使用效果。并按照“三保”要求，既要尽力而为，又要量力而行。不断完善民生投入的长效机制，继续重点支持实施政府“十方面实事”和教育、医疗、就业、社保、保障房等民生事业。落实各项支农惠农政策，推进“乡村振兴产业发展示范项目”工作，支持乡村振兴，促进城乡协调发展；继续推进医疗改革、就业服务、养老保障等社会保障体系和新型社会救助体系建设。此外，长兴县还要巩固脱贫成果，整治相对贫困的状况。对此，需要继续强化投入保障，管好用好专项扶贫资金，加大转移支付和债务限额分配向贫困地区的倾斜力度，深入实施产业、就业、教育、健康和社保扶贫，防止返贫并支持改善贫困地区基础设施和生产生活条件，持续解决相对贫困问题。

第九章

美丽乡村建设的财政政策探索

“中国要强，农业必须强；中国要美，农村必须美；中国要富，农民必须富。”①党的十九大把“实施乡村振兴战略”作为决胜全面建成小康社会、全面建设社会主义现代化强国、解决我国社会主要矛盾的一项重要战略任务。早在浙江工作期间，习近平同志就提出，要把“千万工程”作为浙江统筹城乡发展的一项战略举措，强调“要充分发挥‘千村示范、万村整治’工程的龙头带动作用，深入推进浙江省的社会主义新农村建设，努力使我省的新农村建设继续走在全国前列”。② 近年来，长兴县在推动美丽乡村建设中，有效的财政政策在其中产生了重要作用。

---

① 中共中央宣传部编．习近平总书记系列重要讲话读本［M］，北京：学习出版社、人民出版社，2016：157.

② 发挥“千村示范万村整治”工程龙头作用 推动社会主义新农村建设深入开展［N］．浙江日报，2006－8－31.

一、美丽乡村财政政策的认识和理解

2020 年是我国全面建成小康社会胜利之年，随着脱贫攻坚目标的实现，《中华人民共和国国民经济和社会发展第十四个五年规划和 2035 年远景目标纲要》（以下简称“十四五”规划和 2035 年远景目标纲要）提出，支持浙江高质量发展建设共同富裕示范区。就此而言，尽管浙江消除了绝对贫困和区域性整体贫困，但是如何在实现共同富裕的基础上，更大程度地推动城乡统筹发展、建设美丽乡村，始终是党和国家领导人始终重视并致力提升的重要论题。

（一）关于美丽乡村的认识和理解

从 1956 年起毛泽东同志发出“绿色祖国”，即“基本上消灭荒地荒山，在一切宅旁、村旁、路旁、水旁，以及荒地上、荒山上，即在一切可能的地方，均要按规格种起树来，实行绿化”① 的号召以来，党和国家领导人始终重视乡村生态建设的问题，并逐渐构建了“美丽中国”“乡村振兴”“可持续发展”“科学发展观”等有关建设“美丽乡村”的理念。2005 年，党的十六届五中全会召开，提出了建设社会主义新农村的重大历史任务，并为实现这一任务作出具体方针的规划，即“生产发展、生活宽裕、乡风文明、村容整洁、管理民主”② 等具体要求，由此，党和国家从促进社会经济发展、提高人民物质生活水平、提升人民思想文化水平、乡村自然环境和人文环境的建设，以及乡村政治

① 毛泽东文集（第六卷）［M］. 北京：人民出版社，1999：509.

② 胡锦涛文选（第二卷）［M］. 北京：人民出版社，2016：412.

生态建设等角度系统规范了美丽乡村建设的总体思路。2005 年，习近平同志在安吉考察时提出了“绿水青山就是金山银山”的科学论断。2008 年，安吉县大胆探索“千万工程”升级版，率先提出推进美丽乡村建设，把生态文明建设与新农村建设紧密结合起来，打造全国生态环境最优美、村容村貌最整洁、产业特色最鲜明、社区服务最健全、乡土文化最繁荣、农民生活最幸福的地区之一，以及实施“环境提升”“产业提升”“素质提升”“服务提升”四大工程。2010 年，浙江全面实施“美丽乡村建设行动计划”。2013 年，国家农业农村部启动了“美丽乡村”创建活动，发布美丽乡村建设十大模式，即产业发展型、生态保护型、城郊集约型、社会综治型、文化传承型、渔业开发型、草原牧场型、环境整治型、休闲旅游型、高效农业型。2018 年 9 月，中共中央、国务院印发了《乡村振兴战略规划（2018—2022 年）》，指出乡村振兴是一个大战略，包括了“产业兴旺”“生态宜居”“乡风文明”“治理有效”与“生活富裕”5 个方面的目标要求。

具体而言，所谓“美丽乡村”，即是乡村的社会经济繁荣、人文环境和自然环境优雅良好、社会秩序和谐稳定，以及高质量的乡民物质生活水平和精神文化水平。要实现这一系列的目标，就需要协调乡村经济、文化和生存环境的发展。由此可见，美丽乡村建设不仅从价值意蕴的视角上体现了以人为本的思想，更从发展逻辑的角度，显现出美丽乡村建设是乡村振兴战略的逻辑起点与具体策略。首先，“美丽乡村”紧扣乡村振兴前提与主线，开展乡村生态环境整治与增强环境设施供给；其次，“美丽乡村”以美丽人居为基础，衍生美丽产业，全面提升乡村复兴的经济资本与环境资本，进而振兴文化社会资本，科学诠释了乡村复兴的路径依赖与路径创造；最后，以“美丽乡村”为标靶的乡村振兴，既践行了中国梦的乡村指南，又重在统筹规划与构建因地制宜的乡村复兴标准体系。21 世纪初，习近平总书记在浙江主政期间，根据浙江省的发展趋向和具体省情，进一步提出一系列有关浙江省建设“美丽乡村”的新举措、新论断。

（二）关于美丽乡村财政政策的解读

作为社会主义新农村建设的升级版，“美丽乡村”的实现不仅依赖政策的有效规划，更在于政策的推行与落实。财政政策的实施就是促动实现美丽乡村的重要手段。建设美丽乡村需要大量的投资，包括政府的投资和农村集体的投资，而政府财政的投资是不可或缺的，因为这些投资的实质是农村公共产品和公共服务的提供。只有加强和加快了农村公共产品和公共服务的提供，农村的发展、农村面貌的改善才有可能，美丽乡村发展目标自然而然能够实现。从美丽乡村建设的视角看财政政策，尽管仍然需要使用一定手段扩大财政收入，强化在建设美丽乡村中的资金保障，但更重要的在于做好财政预算、强化在乡村公共服务方面的支出。

具体而言，首先，有效的财政预算是推动实现美丽乡村建设的重要基础。建设美丽乡村应当与乡村振兴有效衔接，既要保证对乡村地区的财政投入力度总体稳定，坚决守住现有美丽乡村的建设成果。对此而言，在保障财政收入稳步提升的基础上，财政预算的支出部分要针对农村基础设施供给、产业发展、人才引进等方面持续发力，要完善财政资金投入机制，引入社会资金发展区域特色产业，实现城市与乡村、政府与社会在财政功能发挥上的衔接互补，由此从总体上激活乡村发展内生动力，实现美丽乡村的建设。其次，通过财政政策调节和提升物质生产率，做大“财富蛋糕”，保持经济健康快速增长，这是建设美丽乡村的必经之路。美丽乡村建设的首要标准即“产业兴旺”。因此，推动建设美丽乡村，就要首先助推乡村产业兴旺。以此而论，财政政策要在刺激乡村经济发展、刺激区域特色产业发展、扩大区域财政收入为着力点，体现财政政策因地制宜的灵活性，为当地特色产业发展提供新的刺激源。最后，合理有效的分配制度是建设美丽乡村的着力点。就此而言，财政政策要以保障和发展民生为核心，有效提高各类资源的使用效率，充分发挥财政政策的公共性，改善农村基础设施和公共服务水平。同时，以积极的财政政策完善财政资金投入机制，因地制宜、分层分类促进生态农村、文化名村特色乡村的建设。

二、建设美丽乡村财政政策的举措

近年来，长兴县委、县政府高度重视美丽乡村建设，按照“生产发展、生活宽裕、乡风文明、村容整洁、管理民主”美丽乡村建设的基本要求，加快建设“村民富、村庄美、村风好”的美丽乡村，着力打造“锦绣长兴、美丽乡村”建设品牌，取得了明显成效。美丽乡村建设的加快推进，有力地推动了长兴县农业经济的快速发展、农村面貌的整体提升和农民收入的持续增加。

（一）实施积极的财政政策，加强财政统筹规划

近年来，长兴县坚持落实各项支农惠农政策，推进“乡村振兴产业发展示范项目”工作，支持乡村振兴，促进城乡协调发展，有效推动了美丽乡村的建设。

1. 科学规划

其一，全面规划乡村建设。长兴县政府统筹规划布局六条乡村振兴示范带及十条延伸风景线，突出以产业发展型、文化特色型、生态保护型、乡村旅游型的美丽乡村精品村为重点，将全县所有美丽乡村创建村及村内产业发展、环境整治、村庄绿化、文化特色、景观节点以及基础

设施和公共服务设施全部纳入规划内容，体现全域全面。在落实好长兴县财政规划的基础上，高质量落实大规模减税降费政策。以政府收入的“减法”，换取企业效益的“加法”和市场活力的“乘法”，为推动经济高质量发展和美丽乡村的建设注入了动力。其二，全面落实财政奖补政策。以2019年为例，统筹优化大工业政策，全年兑现工业经济、开放型经济、服务旅游、物流企业发展、科技与人才等各类政策资金5.8亿元，为企业发展注入动力。其三，发挥产业基金作用。转变财政支持经济发展方式，深化政府基金运作，撬动社会资本支持企业发展，着力培育创新型企业和具有带动作用的新兴产业，加快构建现代产业体系。2019年，只有母基金6只，总规模4.6亿元。其四，加大在美丽乡村建设方面的财政支出。在此层面上，安排农林水支出9.3亿元，有力地保障了各项强农惠农富农政策的落实，支持农村基础设施、农业产业化、美丽乡村、美丽田园建设和农旅融合发展。同时，加强对扶贫资金的监督检查，深化开展“双扶”工作，助推打赢脱贫攻坚战。此外，长兴县2019年安排节能环保支出4.9亿元，用于污水零排水、治水治气治尘、循环经济、节能降耗、矿山生态复绿、地质灾害防治、饮用水源保护等，守护“绿水青山”。

2. 统筹建设

长兴县坚持统筹推进的原则，将产业发展、基础设施、村庄环境、特色文化、乡风文明等通盘考虑，协调推进。首先，统筹乡村规划，实现乡村整合。2013年，长兴县修订完善县域村庄布局规划，针对总体布局、功能分区、村庄撤并、产业发展、基础设施、建筑户型、村庄特色以及公共服务设施配置等内容编制了建设详规。截至目前，全县新一轮村庄布局规划、美丽乡村建设战略提升规划和全县所有美丽乡村创建村环境提升规划已经全部编制完成。其次，三次产业并举，实现村民富。大力发展区域特色农业、规模设施农业、休闲观光农业的同时，发展乡村旅游业，依托七大特色产业、旅游景区和特色文化，积极举办系列农事节庆活动，着力打造农家乐、农业观光园和农事节庆活动三位一体的乡村休闲旅游业。再次，功能与品位并重，实现村庄美。充分发挥美丽乡村建设合力推进的优势作用，统筹协调交通、建设、国土、教育、文化、卫生、环保、农业、林业、水利等县级职能部门，确保政府公共资源向美丽乡村重点倾斜，建立健全农村公共服务体系。最后，物质与精神齐抓，实现村风好。在推动农民持续增收，实现“物质富裕”的同时，加强乡风文明建设，努力实现“精神富有”。加强农村文化建设，积极开展文化下乡活动，大力培育文化示范村、文化示范户、特色文体团队，加快幸福乡村大舞台、文体广场、文化礼堂等农村文化体育阵地建设，丰富农村文化生活。

（二）通过挖掘区域产业特色，促进乡村生产发展

长兴县三面环山，一臂挡湖，自古以来就是鱼米之乡。由于特殊的地理环境，使长兴县的文化和经济方面的区域特色显著。如何有效挖掘这些区域资源，增大特色投入，吸引民间投资，是建设美丽乡村财政政策的核心要点。

1. 挖掘地区产业特色，推进农业特色产业集聚化、绿色化、品牌化发展

在彰显乡村文化特色、产业特色、地域特色方面，加大财政投资和财政支出的比重，在充分挖掘乡村特色的基础上，坚持因地制宜、因村施策，实施特色化打造。不仅充分挖掘村庄民俗文化、生态文化和古民居、古村落、古栈道、古桥梁等历史遗迹，彰显文化特色，形成了一批文化特色型美丽乡村。同时，在现代农业和乡村旅游的开发带动下，长兴县形成了一大批产业发展型美丽乡村。例如洪桥镇太湖村的特种水产、泗安镇白莲村的花卉苗木等特色产业，水口乡、小浦镇八都岕的乡村旅游业，这些美丽乡村既形成了特有的特色产业品牌，又结合乡村旅

游，促进了农民增收致富，更增加了财政收入。此外，打造“锦绣长兴、美丽乡村”的品牌。在品牌建设的感染下，长兴县财政收入不仅稳步增加更在打造特色的基础上不断推进美丽乡村的建设力度。

2. 发挥财政投入作用，带动企业和社会资本

近年来，长兴县投资建设了六条乡村振兴示范带，即“太湖风情”示范带、“江南茶乡”示范带、“农园新景”示范带、“希望田野”示范带、“梅映乌龙”示范带、“山水古韵”示范带。通过示范带的建设因地制宜推动了美丽乡村建设“串点、连线、成片、区域化发展”。在乡村振兴示范带的建设中，长兴县没有完全依赖财政投资和财政支出，而是坚持落实“政府引领、社会投入”的多元化投入机制，积极发动工商资本投入，目前乡村振兴六大示范带吸引民间投资项目 61 个，总投资超 50 亿元。由此，不仅结合有效推动历史文化村落的保护，还对乡村的自然环境和人文环境进行有效改造，更增加了村民的就业机会和收入，卓有成效地推动美丽乡村的建设和发展。2021 年，全县乡村旅游经济总收入突破 41 亿元。

（三）通过统筹资源，推动资源的有效利用

长兴县人口资源、产业资源等方面资源丰富，如何统筹资源，实现集中力量办大事、办好事、促发展，是推动建设美丽乡村财政政策的关键步骤。

1. 健全集中财力办大事财政政策体系

长兴县财政局紧扣县委、县政府重大决策部署特别是重大改革、重大项目、重大平台、重大政策，研究编制财政“十四五”规划，同步完善集中财力办大事财政政策体系，使资金流与决策流、业务流、信息流更好融合，这是协调统筹资源和有效利用资源的前提。对此，长兴县首先通过产业集聚，聚焦农业供给侧精准发力，持续推进洪桥万亩河

蟹、画溪万亩葡萄、南部圩区（和平、吕山）万亩芦笋等六大产业集聚集群发展，优化农村生产条件。对土地（山林）资源丰富的区域，结合美丽乡村建设、现代农业发展、景区村庄建设等，依托龙头企业联办第一、第三产业基地或配建物业。其次，通过资源集中，促进功能集成。按照农民新社区的要求规划、建设和管理美丽乡村，实现基础设施和公共服务设施更加完善、人居环境更加优美，农村基本公共服务水平整体提升，让农村群众享受到现代化社区的公共服务。最后，要素集约。将教育、医疗卫生、文化体育、商业金融、社区警务等公共服务设施和水、电、气、路、环保等基础设施建设集中到美丽乡村，公共资源的配置更加合理，农村建设的用地大为节约，有利于农村要素资源的集约利用。

2. 挖掘资源的增收潜力

一方面，鼓励统一租赁家庭承包地，实行统一开发、统一发包，对统管农田、山林、水面等自然资源实施统筹开发，将资源优势转化为经济优势，拉动村级集体经济发展，促进村民增收。另一方面，鼓励引进现代农业、田园综合体、乡村旅游等优质项目，增加村集体收入。鼓励村级集体经济组织盘活集体土地资源，积极申报土地整治、土地开发、旱改水等项目。多元化盘活农村闲置资源，鼓励村民利用租赁、自营、入股、退出等多方式，发展“民宿 + 乡村 + 研学 + N”相结合的特色乡村旅游模式，释放乡村发展新活力，让更多的农民分享产业收益。

（四）通过建立帮扶机制，延伸财政服务范围

长兴县构建生产、供销、信用“三位一体”的新型农村合作经济体系，不仅在全国率先消除了绝对贫困状况，更以“社户对接、产业扶贫”为抓手，极大提高了居民收入，促进了美丽乡村的建设。

1. 实行结对帮扶机制

长兴县按照“上下联动、整体配合、整合资源、齐抓共管”的思

路，进一步深化结对帮扶工作，落实乡镇（街道、园区）帮扶兜底机制。鼓励村、企结对，充分利用企业的人才、资源、信息等优势和村集体的资源优势，积极探索村、企合作共赢发展模式。推进部门联村，进一步增强机关企事业单位联村帮扶的精准性，重点对四类村实行部门挂钩帮扶制度。相关部门结合现代农业发展、美丽乡村建设、农村公益事业、农田水利设施建设等各项工作，统筹梳理部门资源，最大限度地延伸服务触角，共同推动村级经济发展壮大。

2. 鼓励乡贤结对

以乡情、乡愁为纽带，通过引资、引才、引智、引项目，引导乡贤融入家乡建设，推动村集体经济发展。近年来，长兴县十分重视乡贤的重要作用，将乡贤视作重要人才资源，以乡土乡情为纽带，引导和支持广大乡贤积极投身家乡发展建设，取得了显著成效。一方面，推动项目回归促投资。通过建立乡贤定期研判机制等，持续加强与乡贤的感情联络，促成一批重大项目落地实施。另一方面，推动顾问帮扶促民富。建立村庄公益项目库，鼓励乡贤以冠名资助、公私合作、认资捐赠的形式，精准对接乡村公益事业，这一做法有效解决了集体经济薄弱村的公共基础设施建设难题。推进市、镇两级乡贤工作阵地要素共建共享，最大化利用乡贤建设帮扶资金，打造了一批乡贤助力乡村振兴示范点。

三、美丽乡村财政政策的建设成效

经过长期系统的艰难探索，长兴县美丽乡村建设工作九次获得浙江省社会主义新农村建设优胜单位、连续 13 年获得湖州市社会主义新农村建设考核一等奖（湖州市唯一连优连胜的县区），获得首批省实施乡村振兴战略优胜单位，并荣获浙江省新时代美丽乡村示范县、全国休闲农业和乡村旅游示范县、全国农村生活污水治理示范县等荣誉称号。2020年年初，成为荣获国务院农村人居环境整治成效明显激励政策的县区。到2021年年底，全县已完成省级美丽乡村创建175个，创建覆盖率达到100%，创成省级美丽乡村示范乡镇8个、特色精品村25个、精品村73个。

（一）促进了乡村产业的发展

通过美丽乡村建设，农村各项基础设施不断完善，农村环境风貌得到了持续提升，为农村经济繁荣发展创造了有利条件。比如小浦镇八都岕5个村，借力美丽乡村样板村建设，完成八都岕景区改造提升，通过筑巢引凤、坐地选商等方式，近年来已引进银杏山庄项目、太湖天泉酒店项目等项目10多个，吸引社会资本投入近25亿元；顾渚新时代美丽乡村样板村（包括顾渚、金山、水口3个村），全年乡村旅游接客量370万人次，实现综合收入10亿元，3个村集体总收入较上年度增加48.5%，经营性收入增长85.7%。据统计，乡村振兴六大示范带创建吸引民间投资项目61个，总投资超50亿元。2021年，全县乡村旅游实现综合收入突破41亿元，极大程度促进了乡村产业的发展，做大了社会财富的“大蛋糕”。

美丽乡村的建设不仅有效吸引了社会资金，更激发了群众的创业热情。开办农家乐、从事农村电商、发展农业产业等经营项目蓬勃发展，经营势头日益向好。仅小浦镇八都岕，2018年以来共吸引当地民间资本近8000万元投入进行民宿打造和农家乐提升，开办各类农家乐、民宿及酒店120余家。2021年，区域内乡村旅游年接待游客达到117万人次，实现农村经济总收入5.35亿元，其中农林牧渔总产值2.65亿元、农产品加工流通产值1.5亿元、旅游综合收入1.2亿元，农民人均可支配收入55000元。比如方一村的房小平，原来是从事报刊、彩票等业务经营的，但看到方一村近几年的环境变化后，洞察到这美丽环境后的巨大商机，毅然投资百余万元将自家房屋改造成民宿，目前已成功创建为省级特色民宿，年利润达40余万元。

（二）提高了村民的收入水平

通过美丽乡村的建设，不仅吸引了一大批农创客加入，更是点燃了当地老百姓创新创业的激情，同时，乡村产业的快速发展和业态的不断丰富，为当地群众带来了大量的就业机会，特别是50岁以上的劳动力，在家门口实现了就业，平均每人每年能收入1万多元，最高可达到6万元左右。比如顾渚村通过乡村旅游发展，全村近95%的劳动力实现本村内就业，2020年，顾渚村人均可支配收入达43990元，较全县平均水平高15.2%；还有李家巷镇石泉村，通过美丽乡村精品村创建，2019年成功引入石泉山房酒店项目，总投资5600万元，于2020年12月建成并运营，公司共有员工32人，其中吸纳石泉村本村村民就业10人，一些由于家庭原因，暂无法外出务工，当石泉山房酒店项目建成后，顺利实现家门口就业，每月工资4500元，年收入达5.4万元。同时，外来的招商引资的积极性激发了本土居民的创业热情，由此进一步提高了本土居民收入。例如水口乡顾渚村，全村有60%以上的农户开办了农家乐，其中60%以上农家乐的营业额超过100万元，户均营业额约70万元，户均净收益在20万余元。由此，通过对农村人均可支配收入、工资性收入、经营净收入、财产净收入、转移净收入、生活消费支出等方面的对比分析，长兴县农村居民人均可支配收入达4.21万元，同比增长11.4%。年末民用汽车拥有量18.77万辆，同比增长6.9%；其中轿车拥有量15.8万辆，同比增长6.3%，基本实现了“生活宽裕”的美丽乡村建设的基本要求。

（三）有效保护乡村自然环境

自建设美丽乡村以来，长兴县加大对美丽乡村建设的投资，目的在于美化长兴县乡村的自然环境。近3年来，长兴县累计投入资金7.1亿元用于美丽乡村建设。2014年以来，按照省委省政府“五水共治”的总体部署，长兴县进一步把深化农村生活污水治理作为美丽乡村建设的提升点和突破口，作为党委政府服务千家万户的“民生工程”和“良心工程”，致力于建设“精品工程”。长兴县3年共完成新增治理227个村、涉及农户60000户，被评为全国农村生活污水治理示范县。2016年长兴县开展农村生活垃圾分类试点工作，用1年时间，到2017年年底就实现了全县行政村、自然村全覆盖。近年来，长兴县积极引入社会资本，建成县级易腐垃圾、其他垃圾集中处理中心各1座，日处理能力达到350吨和750吨，实现垃圾减量化、资源化、无害化处理。2019年以来率先推行农村生活垃圾“四分法”精准分类。截至目前，农村生活垃圾分类处理率、资源化利用率、无害化处理率均达100%，农户户分准确率达85%以上；成功创建18个省级、62个市级高标准农村生活垃圾分类示范村；连续4年获评省农村生活垃圾分类工作优胜县。经过几年来的财政投资，全县美丽乡村创建覆盖率达100%，已建成省级美丽乡村示范乡镇8个、省级精品特色村25个、省级历史文化村落保护利用重点村3个，八都岕美丽乡村入选首批省级农村产业融合发展示范园，太湖风情、江南茶乡、农园新景、希望田野、梅映乌龙、山水古韵等六条乡村振兴示范带先后建成。长兴县也荣获了浙江省新时代美丽乡村示范县、全国休闲农业和乡村旅游示范县、国务院农村人居环境整治成效明显县区等荣誉称号。依托美丽乡村建设良好基础，不仅繁荣了农村经济、点燃了当地老百姓创新创业的激情，同时也为当地村民带来了大量的就业机会，成功实现了“美丽环境”变身“美丽经济”。

（四）推动了乡村人文环境的建设

推动乡村人文环境的建设是美丽乡村建设的重要内容。对此，长兴县着力增加农村的文化教育事业的投入，2020 年，长兴县一般公共服务支出达 86489 万元，同比增长 6.13%。一方面，在推动农民持续增收，实现“物质富裕”的同时，长兴县加强乡风文明建设，努力实现“精神富有”。加强农村文化建设，积极开展文化下乡活动，大力培育文化示范村、文化示范户、特色文体团队的建设。同时，长兴县通过加快幸福乡村大舞台、文体广场、文化礼堂等农村文化体育阵地的建设投资，丰富农村文化生活。另一方面，长兴县以“4 + X”模式为标准，打造农民培训品牌，开展农民中职教育教学改革。依托县农广校、农函大、乡镇成校等教育培训平台，提升农民整体素质，帮助村民增加创收本领。此外，长兴县积极创新社会治理理念和模式，以打造“清廉乡村”为目标，全面提升基层社会治理社会化、法治化、专业化水平。先后荣获“智慧城市样板”和“全国首创县域治理现代化示范县”，建成全国、省、市文明村 94 个，全国、省、市民主法治村 226 个。每年培训高素质农民及农村实用人才不少于 1000 人，全县农村实用人才近 3 万人，每两年开展一轮优秀农村实用人才评选活动，每轮评选出 50 名左右优秀农村实用人才，享受“400 元/月津贴 + 年底绩效考核津贴”。

四、进一步推进美丽乡村建设的财政政策建议

脱贫攻坚取得胜利后，继续推进建设美丽乡村，离不开财政政策的支撑和保障作用。站上新的起点，要继续发挥财政政策的积极作用，注

重延续性和全面性，坚持多角度多层次推进，扎实做好基础性和兜底性工作，提高财政治理效能，助力乡村全面振兴。对此而言，长兴县应持续加强“组织、政策、基层”三项保障，进一步完善工作机制，增强美丽乡村建设的工作合力。

（一）在思想上要重视，加强美丽乡村建设的财政组织保障

美丽乡村的建设离不开县政府和县财政的参与和作用的发挥。长兴县的财政面向农村、面对农民，参与美丽乡村建设、促进农村产业发展、支持农业发展、美化乡村自然环境、提升乡村人文素养和服务农民增收有着举足轻重的作用，也只有更好地发挥和利用长兴县的财政优势，才能使建设美丽乡村的问题能够起到事半功倍的效果。因此，长兴县要在美丽乡村的建设上，高度重视并持续加强财政政策的作用。一方面，要严格要求财政政策遵循“以收定支，收支平衡”的理财思路，安排科学合理的财政预算，在保持财政收支平衡的基础上，加大对美丽乡村建设的支出和投入，实现美丽乡村的可持续发展。另一方面，要求长兴县转变工作思路，把工作重点转移到财政支出管理上，用好财政的帮扶、建设资金，在推动农村产业繁荣的基础上，实现城乡经济的协调发展。同时建立健全工作例会制度，定期召开美丽乡村建设工作例会，推动创建工作的全面落实。此外，长兴县财政要始终坚持“党委统一领导、党政齐抓共管、农口综合部门组织协调、职能部门各司其职”的工作推进机制。

（二）在职能上要强化，加强美丽乡村建设的财政政策保障

长兴县财政不仅要在资源配置、收入分配、稳定经济、监督管理等方面发挥重要的职能和功用，更要从加强美丽乡村的角度入手，加强支

出和管理，使财政政策在建设美丽乡村中的作用得到更好的发挥。一方面，要保障美丽乡村财政资金的安全。资金安全是用好财政资金的前提，也是建设好美丽乡村的重要保障。对此，财政政策必须强化资源配置职能，把财政资金用到乡村经济建设、环境建设、精神建设的最需要的地方或方面。另一方面，要确保美丽乡村建设的财政资金的使用方向。美丽乡村建设的资金是专门用于建设社会主义新农村、促进农村发展的专用资金，有特定的用途。对此，财政政策必须强化此层面财政资金的分配职能，用好财政资金，保障财政资金的美丽乡村建设使用方向，以满足乡村各项事业的发展需要。再一方面，要保证财政资金的使用绩效。在美丽乡村建设方面的财政资金分配不是财政资金使用的终结，财政资金使用效果如何，社会效益或经济效益体现在哪里，这是财政资金使用必须考虑的。美丽乡村建设的财政政策必须强化监督职能，加强对乡镇财政资金监督检查和绩效考核，把财政资金用在“刀刃”上、用得最有效，以实现“少花钱多办事”和“集中财力办大事”绩效目标，提高财政资金的使用效益。

（三）在管理上要加强，强化美丽乡村建设财政政策的基层保障

由于自然、历史等客观原因，以及客观条件的限制，管理不规范、管理薄弱是财政政策的通病。就建设美丽乡村而言，财政的管理存在管理基础薄弱，资料不齐全；资金使用随意性，标准不统一，操作不规范；管理制度不健全，执行不严格，有些制度形同虚设；管理手段落后，信息化水平低等问题，极大影响了财政政策在推动美丽乡村建设的作用发挥。一方面，注重发挥基层组织、镇村干部和广大农民群众的主体作用，夯实美丽乡村建设的基层基础。乡镇（街道、园区）明确一名党政主要领导主抓美丽乡村建设工作，分管领导重点抓，镇村干部确

保将更多的时间、更多的精力和更多的感情投入美丽乡村建设工作。充分调动农民群众参与建设的积极性和主动性，最大限度地发挥农民群众在建设新农村中的主体作用。在美丽乡村建设的快速推进下，农民收入不断提高，农村人居环境整体提升，公共服务体系进一步健全，广大农民群众深受鼓舞，积极投身发展现代农业，主动投工投劳，参与美丽乡村建设，为长兴县新农村暨美丽乡村建设奠定了坚实的群众基础。另一方面，随着美丽乡村建设的不断推进，公共财政向农村覆盖的速率不断加快，财政支出在美丽乡村建设方面规模的增加和支出任务的加重。因此，就美丽乡村的建设而言，其财政管理必须加强，把公共财政要求的现代管理方法延伸到最基层一级，提高财政政策的落实效率。再一方面，要加强在美丽乡村财政政策制定的科学化、规范化，把部门预算、收支两条线、国库集中支付、政府采购等公共财政的管理办法在美丽乡村建设的财政政策中全面推行，尽可能地结合乡镇财政的实际，对存在和发现的问题及时给予解决，提高财政政策在美丽乡村建设中的作用发挥。

（四）在体制上要合理，增强乡镇财政提供公共服务的能力

随着公共财政向农村覆盖，国家涉及美丽乡村建设的政策多、涉及的部门也多，涉及财政、民政、农业、教育、劳动社保、卫生、环保、文化、科技、城建、土管、广电等多部门。有涉及农村产业发展的，如“农机直补”“种植大户直补”“良种补贴”“农资综合补贴”等；有涉及农村公共事务的，如农村低保、新农合、新型农村养老；有涉及农村环境发展的，在人文环境的建设上，如建设农村图书馆、新时代乡村文明实践中心等；在自然环境的保护上，通过系列政策的推行，彰显“一村一品、一村一业、一村一景、一村一韵”的美丽乡村风貌。如何确保国家的公共政策和美丽乡村建设对接，解决有关美丽乡村建设公共

政策落实的“最后一公里”问题，这是财政政策的公共服务职能发挥的主要任务和要求。这就要求财政政策必须统筹规划，做好顶层设计，以保障有关美丽乡村建设的公共政策落地。因此，涉及美丽乡村建设的财政政策必须按服务型财政的要求进行设置和规划，适应美丽乡村建设和发展的需要，改变工作方式，做好服务美丽乡村的建设工作，确保财政公共政策“最后一公里”问题的解决。这不仅要做好服务美丽乡村建设的基础性工作，对涉及美丽乡村发展的有关财政政策、制度、管理办法要公开，自觉接受乡镇人大、社会舆论、社会公众的监督，让政府放心、让社会满意、让群众知晓。同时，更要统一提供公共服务，要整合财政资源和乡村资源，构建公共服务平台，使与财政政策相关联的美丽乡村建设的事项能够实现统一提供，形成高效、便民、快捷的“一站式、一条龙、一卡通”式的美丽乡村建设的公共服务模式。

第十章

清廉财政建设的探索

全面从严治党已成为新时代治国理政的鲜明特征。党的十八大以来，以习近平同志为核心的党中央强力正风肃纪，铁腕反腐倡廉，取得了历史性、开创性的成就，党风政风为之一新，党心民心为之提振，2021年我国取得了第一个百年的伟大成就，当前正在向着第二个百年目标奋勇前进。在这一伟大的历史性进程中，不断加强全面从严治党、深入推进党风廉政建设，是全面决胜小康社会后推进共同富裕取得胜利的重要保障。财政工作事关国计民生，财政部门持续加强党风廉政建设至关重要。长兴县财政部门结合财政工作实际，持续开展“沉一线优服务求实效”活动，扎实开展“八个一”行动，有力地推动了财政系统的党风廉政建设，开创了清廉财政建设的新局面。

一、科学认识清廉财政建设

清廉财政建设的实质是财政部门的党风廉政建设。对于财政部门而言，清廉财政建设具有特殊的含义：一方面，作为财政资金使用的监管者，其肩负监督、规范部门和单位合理、高效使用财政资金的职责；另一方面，作为财政资金的分配者，其手握分钱“大权”，是被重点监督的对象。基于这一特殊的属性，需要科学认识财政部门加强党风廉政建设的重要意义，推进清廉财政建设。

（一）从国家层面来讲，财政部门的党风廉政建设事关国家治理的科学规范

党的十八届三中全会以前所未有的历史高度，赋予“财政是国家治理的基础和重要支柱”的重要定位。财政部门承担着公共资金、公共资产、公共资源的监管职责，拥有一定的资金分配和资源配置权力，这些职能清晰地给予了财政在国家和社会治理中的定位：基础性、稳定性、调控性和支柱性。在这一定位下，财政部门党风廉政建设任务艰巨、责任重大，其一旦出现问题，就是大问题，不仅影响财政部门自身工作的正常开展，更会影响国家治理的有序进行，甚至影响政府的公信力。

（二）从社会公众来讲，财政部门的党风廉政建设事关社会的公平正义

财政资金“取之于民，用之于民”。财政部门掌管着政府的

“钱袋子”，是人民财产的“大管家”，如何科学分配资金，使有限的财政资金真正用在“刀刃”上、用出绩效来，至关重要。财政部门的一点小疏忽，可能就会造成国家资金的大浪费；一点小差错，可能就会造成社会保障的不公平。总体而言，财政部门权力集中、与群众关系密切、社会关注度高、廉政风险大，需要格外重视廉政建设。财政部门存在出事情的风险，但绝不能出事情，也出不得事情。

（三）从财政部门及财政干部来讲，党风廉政建设事关单位的履职效能和个人的成长进步

财政部门肩负党和人民赋予的重任，如果廉政建设出现问题，必然影响其工作的正常开展和财政政策效能的充分发挥。对财政系统各级党组织而言，党风廉政建设具有“一票否决”的性质。对财政干部而言，廉洁从政是干事创业的底线，严于律己是个人成长的关键。财政干部不仅要会算财务账、业务账，更要会算人生账、事业账，一旦廉政出了问题，不但害自己、害家庭，而且害社会、害国家，是不能为人民所容忍的。

二、清廉财政建设的实践

近年来，长兴县财政部门认真领会新时期全面从严治党的新内涵新要求，把纪律建设摆在更加突出位置，强化全局各级党组织落实全面从严治党主体责任，狠抓党风廉政建设。特别是结合财政工作实际，深入开展“沉一线优服务求实效”专项行动。专项行动成立领导小组，以局长为组长，其他班子成员为副组长，分成6个小组（工业企业组、项

目服务组、社会民生组、农业农村组、乡镇发展组、国企改革组），每名班子成员带领相关业务科室骨干力量组成一个小组开展行动。以加快政策兑现、走访服务乡镇企业、持续开展结对慰问等载体丰富行动内容。每年将半年度中层干部会议和年终工作会议放到基层一线的村去开，倾听了解农村基层声音，走访服务当地企业。每季，各小组按照职责分工分别跑乡镇、企业、村居，了解社情民意，对政策资金使用情况跟踪问效。扎实开展“八个一”行动，有力地推动了管党治党从严从紧，为全县财政国资事业发展提供了坚强政治保证，为清廉财政建设做出了有效的探索。

（一）常念一个“紧箍咒”

一是从严管党。加强党规党纪教育，认真组织学习《党章》《廉洁自律准则》《纪律处分条例》《监察法》等，使党员干部知敬畏、存戒惧、守底线，习惯在受监督和约束的环境中工作和生活，并把自己摆进去，深入对照查摆问题，剖析原因，找准对策，使党规党纪成为党员干部身上的“紧箍咒”。二是从严管事。扎实开展全面梳理，定期对全局工作中涉及的人、财、物，审核审批，工程招标，公章印签等制度进行全面梳理，强化对权力的制约和监督。对于一些隐性权力，挖深、挖透，真正做到堵塞漏洞，扎紧笼子，使所有事项全部在透明规范的制度下运行。三是从严管人。加强对党员干部的思想引导，及时了解掌握思想动态。加强对党员干部工作圈、生活圈、朋友圈的提醒督促，努力培养形成正确的世界观、人生观、价值观。认真落实日常廉政谈话、任前廉政谈话、提醒谈话、诫勉谈话四种类型的谈话提醒，经常咬耳扯袖，红脸出汗，及时抓早抓小，将问题解决在萌芽状态。

（二）签好一份责任状

一是充实责任内容。把上级最新的会议文件精神和形势要求，如新修订的《中国共产党纪律处分条例》精神等充实到责任书中去，进一步强化严明政治纪律和政治规矩的要求，强化制度建设要求。二是细化责任任务。对责任人责任范围内的责任事项进行明确，对其如何做好责任范围内的日常监督管理提出要求，同时明确责任追究事项，切实将“一岗双责”的各项任务交代清楚。三是强化责任执行。按照一级抓一级、一级对一级负责的原则，层层签订责任书，将责任和任务分解落实到每一位党员干部，形成环环相扣的“责任链”，防止出现工作弱化、主体责任不到位等情况。

（三）查找一批风险点

一是找准个人廉政风险。系统内所有人员，针对自身岗位职责和权力，分析主观上或者客观上容易出现廉政问题的关键节点，认真进行排查，找准、找实廉政风险点。二是制定个人防控措施。每位党员干部针对查找的廉政风险点，认真剖析深层根源，提出有针对性的防控措施，并记录在《廉政风险防控机制建设风险点自查表》中。三是强化单位风险监督。继续推进财政惩防体系和内控制度建设，加强财政重点领域和关键环节的廉政风险防控。借助“政采云”“资产云”等数字平台，加强信息监控和风险预警，规范权力运行。

（四）开展一系列廉政教育

一是突出主题。紧紧围绕“拒腐防变守纪律”这个永恒的主题，紧跟最新形势要求，结合财政国资工作实际，针对带有普遍性和根本性的问题，比如资金拨付、政策兑现等，抓好经常性教育。二要创新载体。坚持逢会必讲“党纪一刻钟”，充分利用廉政短信平台、浙政钉、OA系统、微信平台等载体，搭建起集浙政钉、短信、微信、办公平台四位一体、优势互补的廉政教育宣传网络，及时推送廉政信息、典型案例，明示规矩和纪律。三是警示教育。开展以案说法、以案示警活动，通过召开警示教育会、观看警示教育片、编印警示教育读本、组织干部到警示教育基地参观等方式，加强案件警示教育，充分发挥典型案例的警示、震慑、教育作用。

（五）规范一批内控制度

一是提升作风效能。修订完善《作风效能管理办法》，对办公室行为规范，工作任务执行、办理程序等进行细化规范，对办事绩效进行督查规范，结合县《“不作为慢作为乱作为”责任追究暂行办法》，推进全系统认真履职、勇于担当。二是强化内部管理。严格落实《领导班子集体决策重大问题议事规则》，健全行政审批制度，严格财务管理制度，强化对财政国资重点领域和关键环节的监督检查，找准廉政风险点，制定针对性的防范措施。通过健全制度体系，形成用制度管权管事管人的长效机制。三是创新服务举措。认真执行“最多跑一次”“上门服务至少一次”“双扶”“双千万结对”等工作要求，开展“沉一线、优服务、求实效”专项行动，在服务群众、服务企业、服务部门等方面走出长兴财政特色，创建长兴财政品牌。

（六）开展一次清理整治

一是认真组织实施。成立专项清理整治工作领导小组，扎实开展违规经商、借贷、收受“三礼”专项清理整治工作。二是按时规范上报。每位党员干部按规范要求填写报送自查自纠表格，做到不欺瞒、不遗漏、不延报。三是清理整顿到位。对涉及违规借贷、经商、收受“三礼”的事项，做到应查尽查，应报尽报，对于发现的问题坚决予以纠正，该上缴的上缴、该辞去的辞去、该清退的清退。

（七）做好一系列廉政谈话

一是分层分级谈。层层开展谈心谈话，主要领导和班子成员谈，班子成员相互谈，班子成员与分管科室负责人谈，科室负责人与科室工作人员谈，个人之间也可一对一谈话。确保每名对象每年谈话两次以上。二是突出重点谈。以单位主体责任落实情况、“一岗双责”履行情况、廉政风险点为重点领域，做到四必谈（新提拔中层必谈、重点岗位必谈、受到党政纪处分的必谈、群众有反映的必谈），谈话过程相互敞开心扉、以诚相见、平等对待，见人见事见思想，避免走过场。三是问题导向谈。坚持问题导向，把发现问题、解决问题作为谈话的最终目的，把岗位风险点作为谈话的重点，一起排查风险点，梳理问题，分析原因，提出工作建议。

（八）记好一本记事本

一是记录到位。记好一本《党风廉政建设主体责任记事本》，主要记录学习教育记实情况，填写星期一夜校学习党风廉政建设方面的内容，以及学习省市县有关会议精神情况，所在支部关于党建方面的学习情况。二是学以致用。学的目的在于应用，无论是党纪党规内容，还是党建方面的学习内容，党员干部都应在工作、组织生活、日常生活当中遵循，不仅要学深学透，还要对照执行，从而规范党员干部廉洁从政，规范组织生活，规范八小时以外生活。三是有所触动。党员干部把党风廉政建设记录本作为自身履行党风廉政建设的警示录和履行主体责任的纪实本，并转化为推动廉政建设工作的动力。

通过开展“八个一”行动，长兴县财政部门切实将全面从严治党变成了制度，融入了日常，落到了实处，特别是将党风廉政建设与财政业务工作实现了紧密的融合，做到了以党建统领业务，以业务促进党建。

长兴县财政部门开展“八个一”行动落实全面从严治党主体责任的做法，得到长兴县纪委清廉机关建设巡回督导组的充分肯定；全面从严治党“八个一”行动在全省财政系统中也有一定的影响力。在新冠肺炎疫情常态化和全球经济形势复杂严峻的局面下，长兴财政坚持党建引领，干部主动担当、积极作为，坚持疫情防控和经济发展“两手硬、两战赢”，为经济社会高质量发展提供了坚强的财政保障。

三、新形势下清廉财政建设面临的风险

近年来，财政系统党风廉政建设工作取得了明显成效，但也要清醒认识到，党风廉政建设和反腐败斗争形势依然严峻复杂，正风肃纪反腐永远在路上，必须把严的主基调长期坚持下去，深入贯彻全面从严治党方针，做到态度不能变、决心不能减、尺度不能松。财政作为管钱的部门，要始终绷紧廉政之弦，面对新情况新问题新挑战，坚持底线思维，增强忧患意识，提高风险防控能力。要防控风险，必须先搞清楚有哪些风险。根据财政工作的特点，综合分析近年来财政部门发生的违纪违法案件和审计发现的问题，财政重点领域和关键环节主要存在以下风险点。

（一）公款存放领域存在的廉政风险

财政资金和单位公款金额大、安全性高、存续时间长，一直是银行等金融机构争抢的“香饽饽”。这个环节如果缺乏有效的监督和约束，很容易造成利益输送，甚至成为贪腐的“自留地”。虽然有公款竞争性存放的相关制度规定，浙江省也上线了网上招标平台，但实际执行中，仍存在这样那样的问题。如：个别财政部门制度执行“打折扣”，仍存在部分财政专户资金未按规定进行竞争性存放、留取部分财政存款用于定向配套等问题；对单位公款存放的监管还不够到位，部分地区流于表面和形式，制度出台后就放任不管；数字化改革不够积极，部分地区对网上招标存有顾虑，工作不主动、不积极等。这些问题与财政部和浙江省的有关规定和要求相违背，不仅带来业务风险，也容易诱发领导干部以权揽储的廉政风险。

针对这类风险，财政部门要切实履行牵头职责，扎紧制度笼子，抓好制度落实。一要完善常态化工作机制。各地要参照省级行政事业单位公款存放相关管理办法，对现行办法进行修订完善，进一步明确资金竞争性存放范围、操作流程等事项。二要建立联合监督机制。省里成立了规范公款存放管理领导小组，制定了议事规则，明确了职责分工。各地也要切实履行财政监督管理职责，定期开展检查，及时发现并纠正资金存放中的违规问题。三要建立“互联网 +”工作机制。充分利用公款竞争性存放网上招投标系统，开展“数字化”“阳光化”的公款竞争性存放，提高效率、防范风险。四要严格落实相关人员职务回避制度。除要特别关注财政干部配偶及子女金融机构从业情况外，还要将财政干部本人和配偶的兄弟姐妹及其配偶、子女工作情况纳入回避范围，防止利益输送。

（二）财政专项资金分配使用环节的廉政风险

从分配环节来看，风险主要来自三个方面：一是来自主管部门。目前，对归口部门管理的专项资金，一般先由部门提出分配意见，经财政部门审核后作为分配依据。在分配方案提出、协商沟通的过程中，如果主管部门工作人员与利益方私下交易，在分配方案中做手脚，财政部门审核把关不严，造成资金损失，就会有连带风险。如果财政人员也参与其中，就是玩忽职守或受贿，将受到纪律和法律的制裁。二是来自基层。专项资金通过因素法分配到市县后，财政部门需要将资金与项目进行对接，容易成为被围猎的对象，这在涉企涉农领域尤为突出。如果财政干部以权谋私、优亲厚友，就触碰了法纪底线。三是来自中央专项资金。目前仍有不少中央专项资金通过项目申报审核下达，各级财政部门在审核转报过程中，容易产生利益输送的问题。

针对这类风险，应采取以下措施：一要明确部门间的职责。通过完善管理办法等方式，明确财政部门和主管部门的责任，主管部门要对项目的真实性和材料的完整性负责，财政部门主要负责资金分配的合规性审查。二要建立健全内控制度。各地要结合实际研究出台财政专项资金管理风险内部控制办法，通过建立分权制衡和重大风险会商等工作机制，从制度层面堵塞风险漏洞。三要强化财政内部监督。建立健全监督检查与案审分离的制衡机制和处理处罚机制，规范财政监督检查程序，明确专项资金预算绩效管理和监督检查要求。四要加强轮岗交流。对容易产生廉政风险的关键岗位、高风险岗位，有计划地开展轮岗交流。

从使用环节来看，主要是专项资金使用不规范、低效无效、闲置浪费等带来的风险。相关工作人员如在这方面有了私心杂念，也容易出现利益冲突和利益输送等问题。如信息化资金，近年来投入很大，但实际上重复建设情况突出，审核难度较大，造成财政资金低效、浪费甚至利益输送。又如，政府购买服务的问题，部分预算单位将本应由部门承担的课题任务外包给第三方，存在资金浪费现象。

针对此类风险，财政部门要严格把关，注重专项资金使用的科学性、合理性、规范性和高效性，特别是要关注资金使用的绩效问题，坚决杜绝财政资金的浪费现象。

（三）扶贫专项资金监管不力带来的问责风险

习近平总书记多次强调，“扶贫资金是贫困群众的‘救命钱’，一分一厘都不能乱花”。目前，浙江省虽已全面消除绝对贫困现象，但相对贫困现象还存在。管好用好扶贫资金，责任重大。扶贫领域腐败和作风问题大多发生在基层部门，有的虽然金额并不太大，但社会影响非常恶劣，需要认真对待，严加防控。从曝光的案件和审计、巡视情况看，当前，扶贫资金使用主要存在三个问题：一是资金分配不及时，部分县（市、区）未严格按规定时间开展扶贫相关工作，导致扶贫对象没有第一时间享受到国家的政策，削弱了低收入群体的获得感。二是资金投放不精准，绩效不高。部分县（市、区）存在补助部分对象不精准问题；部分市县项目库建设滞后，项目储备不充分，造成资金等项目，资金分配滞后或形成资金沉淀。三是资金使用管理不规范，存在违规侵占现象。如有的地方在中央专项扶贫资金扶持项目经费中开支其他无关支出，超范围列支等。

针对这类问题，各级财政部门要提高政治站位，切实担负起精准扶贫的政治责任，把扶贫资金管好用好：一要优先保障资金投入。在安排预算时，优先保障资金投入，严格按规定及时下达预算，督促职能部门及时报送资金使用计划。二要主动参与扶贫政策的制定和完善。按照“一张蓝图绘到底”的要求保障扶贫规划落实，集中资源补短板，对于擅自扩大扶贫对象，提高扶贫标准等行为，要坚决予以抵制。三要切实履行牵头监管责任。加强监督检查，密切关注扶贫资金预算执行慢、扶贫资金结转结余规模大等突出问题，分析原因，理清责任，提出建议。四要依托财政扶贫资金动态监控平台，规范资金支出。密切关注资金闲置、违规支出扶贫资金、扶贫资金使用不精准等问题，及时反馈相关项目主管部门，督促整改。

（四）对单位财务管理监管不力带来的履职风险

加强对行政事业单位财务管理的指导和监督，是财政部门的重要职责。近年，“小官大贪”现象不时出现，个别基层单位财务管理松懈，部分工作人员乘虚而入，挪用、贪污大额财政资金。究其原因：一是部分单位财务内控机制形同虚设。如出纳一人掌管所有财务印章印鉴，没有做到不相容岗位分离，严重违反了会计法的相关规定。二是支付审核环节存在信息不对称。有的地方财政国库集中支付改革还不彻底，单位财务人员在票据和凭证上做手脚，审核人员很难发现。三是动态监控系统没有真正发挥作用。有的地方对推进监控系统建设不够重视，不能及时有效识别一些异常情况。

针对这类问题，各地财政部门要牢固树立安全意识、风险意识和内控意识，进一步加强对单位财务工作的监督管理。一要督促行政事业单位认真落实《行政事业单位内部控制规范》，搭建防火墙。二要进一步规范国库集中支付，强化预算单位在资金使用、会计核算、财务管理等方面的主体责任。三要加强预算执行动态监控体系建设，通过设置预警机制、事先预警、实时拦截、核查整改、跟踪落实，实现对财政资金事前、事中、事后全过程监管。财政部门要将监管重点提升到监控预算单位支付是否符合预算规定的用途、预算安排是否合理合规等更高层次上来，真正发挥“三位一体”财政管理体系对支付纠偏纠错、对信息保真保实、对预算及时反馈、促进预算精编细编的重要作用。

（五）行政事业性国有资产管理不严带来的风险

行政事业性国有资产是国家的重要资产，其具有数量多、金额大、涉及部门单位多等特点。由于历史的各种原因，当前行政事业性国有资产管理存在这样那样的问题，主要表现为国有资产管理不规范、制度不完善、监督机制不健全，监督力度不够等，容易造成国有资产闲置、浪费和流失。特别是在公有房产管理方面，存在房产账实不符、出租行为不规范，公有住房被长期无偿占用以及低价出租、优亲厚友等利益输送现象，存在较大的廉政风险。财政部门是行政事业单位国有资产管理的职能部门，国有资产监管不到位，存在被追责问责的风险。

针对这类风险，各级财政部门要把资产管理放在与资金管理同等重要的位置，在落实部门和单位主体责任的同时，加强对重大事项、重要项目安排和大额资金使用等涉及资产管理事项的监督和指导。一要加强制度管控。当前财政部门已建立起了涵盖国有资产配置、使用、处置、收益收缴、损失赔偿、责任追究等一系列制度，但有些制度规定还不够明确不够细化。要根据新情况新问题，不断修订完善。特别要会同有关部门开展行政事业单位存量住房清查，提出改进与完善的措施。二要严格制度执行。加强资产管理政策的培训和辅导，提高政策制度的知晓率和执行力。充分利用资产云平台，完善软件资产管理，构建与职能部门的协同管理机制，形成合力。三要强化责任追究。加强日常监督检查，严格国有资产出租出借、处置报批报备等手续，并加大追责问责力度，确保国有资产使用和处置公开公平公正。

（六）执行中央八项规定及实施细则精神不严带来的风险

中央八项规定及其实施细则是党的十八大以来，党中央抓作风正风气的重要抓手，呈现“越往后执纪越严、越往后越落细落小”的趋势。根据纪委监委部门的通报，近年违反中央八项规定精神问题主要表现在三个方面：一是违规收送名贵特产和礼品礼金；二是违规发放津补贴或福利；三是违规吃喝。同时，在高压反腐的形势下，上述问题也呈现出一些新的特点：一是形式更加隐蔽。如以“礼尚往来”名义变相收受名贵特产和礼品礼金；巧立名目，滥发财物；违规接受下级单位或管理服务对象宴请，变“吃公家”为“吃老板”等。二是途径不断创新。如通过快递邮寄、电子礼品卡、微信红包等不易为他人所发现的形式收送礼品礼金。三是“微腐败”频现。当前与职务相关的违纪案件呈下降趋势，但酒驾、赌博、出入娱乐会所、变相旅游等“微腐败”现象仍不时出现。

针对这类风险，财政部门要锲而不舍落实中央八项规定及其实施细则精神，以反复抓、抓反复的韧劲开展廉政建设，始终保持纠正“四风”高压态势，打造忠诚干净担当的干部队伍。一要进一步完善规章制度。特别是针对网络时代的快递、电子红包、电子礼品卡等新生事物，要尽快研究制定相应的监管制度，将其纳入纪委监委的管控范围。二要持续加强党风廉政教育。始终把政治建设摆在首位，巩固深化“不忘初心、牢记使命”主题教育成果，持续开展党史学习教育，引导党员干部坚定理想信念，践行初心使命，教育党员干部筑牢思想防线，严守纪律底线。三要不断强化监督检查。财政部门应主动配合纪检监察部门加大对违纪问题的监督检查力度，一旦发现问题，及时处理，并以案释纪开展廉政警示教育，推动廉政建设走深走实。

（七）干部不担当不作为带来的问责风险

从近年各级纪检监察机关查处形式主义、官僚主义情况看，最为突出的问题有两个：一是不担当不作为不负责。在全面从严治党的大环境下，有的干部认为“多一事不如少一事”，存在“懒政”思想，工作应付，作风轻浮，存在形式主义、官僚主义倾向；有的干部面对急难险重任务，不敢担当，不愿负责，工作畏首畏尾，习惯相互推诿“踢皮球”；有的干部缺乏开拓创新意识，工作拖拉，自我要求低，干事创业激情不够。二是乱决策乱拍板乱作为。有的干部不顾实际情况、不经科学论证，存在“拍脑袋”决策的问题，给工作埋下隐患；有的干部贯彻上级惠民政策过程中，不守规矩，随意决策，让好政策变了味。这些看似“小事”的背后，本质上都是“四个意识”不强、宗旨意识淡漠、作风不正等问题。不担当不作为看似没有贪污腐败危害那么直接，但严重影响群众对政府的信任，动摇政府公信力。

对于此类风险，财政部门要以加快建设变革型组织为契机，实施自我革新强基工程，强化争先创优意识，树立“没有领先就是落后、没有特色就是问题、没有用心就是懒政”的理念，努力打造一支“想干事、能干事、干成事、不出事”的担当型队伍。一要抓住“关键少数”。从各单位一把手抓起，一级带着一级干、一级做给一级看，通过“关键少数”带动“绝大多数”，将工作一干到底，干出成效。二要严格执行追责制度。对于那些装样子、混日子、不担当、不作为、乱作为的干部，要综合运用岗位调整、组织处理、纪律处分等手段进行追责问责，倒逼党员干部履职尽责。三要建立健全正向激励和容错机制。为敢于担当、敢于作为、敢于负责的干部撑腰鼓劲，让想做事、敢做事、做成事的干部大显身手，激励党员干部担当作为。

四、进一步加强清廉财政建设的建议

党风廉政建设工作任务艰巨、责任重大，各级财政部门要认真落实全面从严治党的要求，按照标本兼治的原则，不断完善长效机制，着力构建不想腐不能腐不敢腐的制度体系，切实防范履职风险和廉政风险，推动清廉财政建设，为经济社会高质量发展提供坚强保障。

（一）把政治建设放在首位

财政部门要始终把坚持党的全面领导作为最根本的政治原则严格遵守，要把一切财政业务工作放在党和国家的发展大局中来思考、定位、实施。一要坚决贯彻落实党中央、国务院各项决策部署。进一步学懂弄通做实习近平新时代中国特色社会主义思想，深入学习习近平总书记考察浙江重要讲话和最新指示批示精神，深入学习习近平总书记关于财政工作的重要论述，着力提升政治领悟力、政治执行力。在廉政建设上，要坚决做到令行禁止，确保政令畅通。二要切实增强“财为政服务”意识。优化制度供给，强化政策保障，做到“党委政府决策部署推进到哪里，财政服务保障就跟进到哪里。当前要重点围绕共同富裕、数字化改革、碳达峰碳中和等重大工作做好财政保障，服务全省发展大局。三要持之以恒正风肃纪。高标准执行中央八项规定精神和浙江省委“36 条办法”，坚持不懈改作风转作风正作风；严肃党内政治生活，切实加强纪律建设，注重抓早抓小，防微杜渐，努力打造清廉财政。

（二）构建保障有力的财政源头防腐体系

财政部门要建立健全从源头上防治腐败的体制机制，加强对重点领域和关键环节的廉政风险防控，着力筑牢“不能腐”的制度堤坝，确保财政权力始终在规范透明的轨道上运行。除上文“风险及对策”中提到的防范措施外，还应重点从以下几个方面严加防控：一是强化预算刚性约束。落实新《预算法》各项要求，严格预算收支管理，所有收支纳入预算。坚持先有预算后有支出，预算没有安排的不得支出，严格控制新增财政支出款项。二是加强政府采购管理。完善政府采购制度，积极推广应用政采云平台，强化采购人主体责任，严格执行相关预算支出标准、资产配置标准。综合运用大数据分析、信用评价、监督检查、信息公开等方式，加强政府采购监管，对发现的重大违纪线索及时移送纪检监察部门处理。三是规范乡镇财政财务管理。切实加强乡镇财政机构和队伍建设，完善乡镇财政管理体制，进一步明确乡镇财政职能，严格乡镇收支预算管理，规范资产和债权债务管理。深入实施乡镇公共财政服务平台建设，加快推进涉农民生补助资金“一卡通”发放。四是完善行政事业单位财务制度。进一步发挥财务制度在纠治“四风”中的重要作用，通过规范支出标准、严格报销制度等举措，防控行政事业单位财务风险。五是强化绩效管理监督问责。按照全面实施预算绩效管理的要求，建立健全激励约束机制，切实将绩效考核的结果应用到实践中。加强绩效考核监督，对工作推进不力的部门和单位进行约谈并责令限期整改，对发现的违纪违法问题线索，及时移送监察机关。

（三）逐级压实党风廉政建设主体责任

党风廉政建设缺少的不是制度，关键在于是否严格落实，因此构建“一级抓一级、层层抓落实”的责任体系至关重要。第一，党组（党委）要履行好主体责任。各级财政部门党组（党委）要把管党治党作为最根本的政治担当，一把手要履行好“第一责任人”职责，对本单位的党风廉政建设切实负起责任，对本单位的政治生态切实负起责任。要将党风廉政建设与业务工作放到同等重要的位置，做到同谋划同部署同落实。第二，领导干部要履行好“一岗双责”。各级领导干部对分管领域的党风廉政建设工作，不能仅停留在签责任状、听汇报、看台账等比较浅的层面，当甩手掌柜和原则领导，而要往深处想朝实里做，深入了解所分管领域廉政风险点和干部职工的思想动态，开展有针对性的督促、指导，既提要求，又教方法，将主体责任落实到位。第三，党支部要解决好“最后一公里”问题。《中国共产党支部工作条例》明确党支部担负着直接教育党员、管理党员、监督党员的职责。对基层支部和支部书记来说，必须业务建设和队伍建设“两手抓”，既出工作业绩，又带出好的队伍、好的风气。

（四）加强干部队伍建设

要强化严管厚爱，确保干部干成事、不出事。一是加强清廉财政思想教育。加强政德建设，教育党员干部明大德、守公德、严私德，自觉提升党性修养，增强廉洁自律意识。教育引导广大党员干部坚持用法治思维和法治方式作决策、想问题、办事情，严格依照法定权限、规则、程序行使权力、履行职责。二是树立选人用人的正确导向。坚持党管干部原则，突出政治标准，坚持德才兼备、以德为先、任人唯贤，营造风清气正的选人用人环境。严把选人用人政治关、品行关、作风关、廉洁关，实行廉政问题“一票否决”制，严防干部“带病提拔”“带病上岗”。三是营造积极向上的财政文化。大力弘扬“实、稳、优”财政核心价值理念和“严谨、坚守、创新、奉献”的财政职业精神，不断丰富财政文化内涵，将其内化为全省财政干部的价值追求、职业操守和行为准则。创新财政文化建设载体，加大先锋模范事迹的宣传力度，积极营造清正廉洁、担当作为的文化氛围，提高财政干部队伍的凝聚力、向心力和战斗力，为财政事业提供强有力的人才支撑。

参考文献

［1］“中共中央关于全面深化改革若干重大问题的决定”，《人民日报》，2013 年 11 月 16 日．

［2］王曙光，蔡德发，孙慧玲．地方财源建设的问题及对策研究——以哈尔滨市为例［J］．会计之友，2015（22）：85－90.

［3］俞元鹊．疫情冲击下我国财源建设对策思考［J］．地方财政研究，2021（02）：59－65＋105.

［4］陈颂东．经济新常态下河南财政收入增长研究［J］．税收经济研究，2018，23（03）：89－95.

［5］秦强．试论地方财政收入质量评价体系［J］．财政监督，2018（13）：10－14.

［6］朱云飞，赵宁．我国地方财政质量评估与省际比较［J］．地方财政研究，2019（06）：45－53.

［7］刘尚希，邢丽，梁季，施文泼，刘昶，肖琼琪．财源建设挑战加大，地方收支失衡问题突出——基于浙江、四川、海南三省的调查［J］．财政科学，2021（01）：94－105.

［8］刘尚希，邢丽，梁季，施文泼，刘昶，肖琼琪．财源建设挑战加大，地方收支失衡问题突出——基于浙江、四川、海南三省的调查［J］．财政科学，2021（01）：94－105.

［9］何盛欣．新形势下我国税源建设的困境与对策研究［J］．现

代商贸工业，2019，40（17）：77－79.

［10］李楠楠．论地方财源建设的困局破解与法治保障．当代经济管理，2019，41（1）：75－84.

［11］王志刚，龚六堂．财政分权和地方政府非税收入：基于省级财政数据［J］．世界经济文汇，2009（05）：17－38.

［12］赵仁杰，范子英．税费替代：增值税减税、非税收入征管与企业投资［J］．金融研究，2021（01）：71－90.

［13］陈颖．2008 年以来我国地方政府债务政策变迁及逻辑［J］．武汉金融，2021（04）：83－88.

［14］苏博，刘树彬．地方政府债务问题研究［J］．中国市场，2014（46）：19－20.

［15］叶晓婷．苏州市地方财源建设的现状、问题及对策分析［J］．商，2016（01）：169－170.

［16］曾慧华．江西全南：大力培植财源　助推县域经济发展［J］．中国财政，2018（14）：74－75.

［17］张帆．基于税源视角推动浙江省新旧动能转换对策研究［J］．商学研究，2019，26（02）：89－97.

［18］王见敏，先国鹏，赵飞，黄小舟．区域经济增长与人才结构耦合协调分析——基于贵州省的实证［J］．统计与决策，2021（10）：120－123.

［19］王瑞军．坚持大招商招大商招好商，持之以恒推动韶关产业大发展［N］．韶关日报，2021－05－18（A01）.

［20］尹李峰，李森，缪小林．减税降费是否带来地方债风险？——基于高质量税源的中介效应分析［J］．财政研究，2021（03）：56－69.

［21］黄奇帆．《结构性改革：中国经济的问题与对策》［J］．山东干部函授大学学报（理论学习），2021（01）：64.

[22] 王乔，徐佳佳. 财政补贴“花落谁家”——基于A股制造业上市公司的实证研究 [J]. 财政科学，2020 (11)：9 – 23.

[23] 亓寿伟，褚凯丽，蒋汉洋. 招商引资促进了区域创新能力吗？——基于地级市工业用地出让数据的分析 [J]. 财政科学，2020 (01)：105 – 120.

[24] 李敏，张婷婷，雷育胜. 人力资本异质性对产业结构升级影响的研究——“人才大战”引发的思考 [J]. 工业技术经济，2019，38 (11)：107 – 114.

[25] 周燕，潘遥. 财政补贴与税收减免——交易费用视角下的新能源汽车产业政策分析 [J]. 管理世界，2019，35 (10)：133 – 149.

[26] 吕相伟. 中国营商环境对企业家的影响 [D]. 厦门大学，2018.

[27] 吴婵丹，甘德林. 新时期湖北省地方税种税源结构与产业结构协同优化路径研究 [J]. 经济研究参考，2018 (23)：13 – 19.

[28] 赵洁. 基于产业结构视角的税源结构优化研究 [D]. 吉林大学，2018.

[29] 郑超. 促进税源建设的区域经济结构优化研究 [D]. 山东财经大学，2016.

[30] 曹万鹏. 经济结构调整对地方税收收入的影响与对策分析——以河北省为例 [J]. 经济研究参考，2015 (63)：8 – 13.

[31] 贾敬全，殷李松. 财政支出对产业结构升级的空间效应研究 [J]. 财经研究，2015，41 (09)：18 – 28.

[32] 夏晶. 促进中国内外经济均衡的财政政策研究 [M]. 新华出版社，2015 年 5 月，第 1 版.

[33] 李子伦，马君. 财政政策支持产业结构升级的国际经验借鉴 [J]. 财政研究，2014 (06)：78 – 80.

[34] 石奇，孔群喜. 实施基于比较优势要素和比较优势环节的新

式产业政策［J］. 中国工业经济，2012（12）：70－82.

［35］陈颖. 2008 年以来我国地方政府债务政策变迁及逻辑［J］. 武汉金融，2021（04）：83－88.

［36］严格规范地方政府性债务管理［J］. 中国财政，2020（23）：49－51.

［37］沈慧. 我国地方政府债务管理的思考［J］. 现代商业，2021（08）：136－138.

［38］吴涛，唐德红，杨继瑞. 地方政府债务风险化解的主要模式：特征、困境与破解［J］. 金融理论与实践，2021（05）：28－41.

［39］李淑芳，熊傲然. 地方政府债务风险成因及防范化解［J］. 地方财政研究，2020（10）：82－89.

［40］刘穷志，王君珩. 地方政府债务风险：特征、成因与化解［J］. 财政监督，2020（16）：29－35.

［41］江佳慧，余安妮. 地方政府债务风险的现状、成因和化解对策分析［J］. 现代商贸工业，2020，41（10）：108－109.

［42］李翼. 新时代背景下政府债务管理问题与对策研究［J］. 会计之友，2018（15）：44－48.

［43］牟天琦. 地方政府投融资平台转型的困境和对策研究［J］. 中国物价，2021（03）：52－55.

［44］尹李峰. 地方政府融资平台公司转型［J］. 中国金融，2021（05）：90－92.

［45］沈素素，高莉圆. 地方政府融资平台公司市场化转型破局路径［J］. 经济研究导刊，2021（05）：114－117.

［46］雷尚君. 省级政府融资平台面临的挑战及应对策略［J］. 中国经贸导刊，2020（21）：72－75.

［47］姜彬. 关于地方政府融资平台市场化转型问题的思考［J］. 西部金融，2020（05）：60－62.

[48] 周金飞. 地方融资平台市场化转型的研究 [J]. 商业研究, 2020 (05): 18-25.

[49] 徐英军, 马鸿鑫, 李鹏. 破解地方政府融资难问题探析——基于对某省的走访调查 [J]. 金融理论与实践, 2020 (05): 41-47.

[50] 朱琳. 地方政府融资平台市场化转型对策 [J]. 市场研究, 2020 (04): 29-31.

[51] 葛艳武. 地方投融资平台公司转型发展的探讨 [J]. 商业会计, 2021 (05): 115-117.

[52] 毛捷, 徐军伟. 地方融资平台公司的市场化转型研究——制度溯源、个性刻画与实现路径 [J]. 财贸经济, 2021, 42 (03): 28-43.

[53] 王祖强, 刘磊. 生态文明建设的机制和路径——浙江践行"两山"重要思想的启示 [J]. 毛泽东邓小平理论研究, 2016 (09): 39-44+91-92.

[54] 卢洪友, 许文立. 中国生态文明建设的"政府—市场—社会"机制探析 [J]. 财政研究, 2015 (11): 64-69.

[55] 周生贤. 积极建设生态文明 [J]. 求是, 2009 (22): 30-32.

[56] 潘岳. 生态文明的前夜 [J]. 瞭望, 2007 (43): 38-39.

[57] 黄勤, 曾元, 江琴. 中国推进生态文明建设的研究进展 [J]. 中国人口·资源与环境, 2015, 25 (02): 111-120.

[58] 姬振海. 生态文明论 [M]. 北京: 人民出版社, 2007.

[59] 姚灿. 苍南县城镇化过程中的生态文明建设研究 [D]. 浙江大学, 2015.

[60] 谭崇台. 发展经济学概论 [M]. 武汉: 武汉大学出版社, 2001.

[61] 孙宁华, 洪银兴. 中国经济发展: 理论 实践 趋势 [M].

南京：南京大学出版社，2014.

［62］张友国．碳排放视角下的区域间贸易模式：污染避难所与要素禀赋［J］．中国工业经济，2015（08）：5－19.

［63］侯伟丽，方浪，刘硕．“污染避难所”在中国是否存在？——环境管制与污染密集型产业区际转移的实证研究［J］．经济评论，2013（04）：65－72.

［64］林伯强，邹楚沅．发展阶段变迁与中国环境政策选择［J］．中国社会科学，2014（05）：81－95.

［65］沈坤荣，金刚，方娴．环境规制引起了污染就近转移吗？［J］．经济研究，2017，52（05）：44－59.

［66］曾贤刚．环境规制、外商直接投资与“污染避难所”假说——基于中国30个省份面板数据的实证研究［J］．经济理论与经济管理，2010（11）：65－71.

［67］傅京燕，李丽莎．环境规制、要素禀赋与产业国际竞争力的实证研究——基于中国制造业的面板数据［J］．管理世界，2010（10）：87－98.

［68］廖显春，夏恩龙．为什么中国会对FDI具有吸引力？——基于环境规制与腐败程度视角［J］．世界经济研究，2015（01）：112－119.

［69］侯青川，靳庆鲁，陈明端．经济发展、政府偏袒与公司发展——基于政府代理问题与公司代理问题的分析［J］．经济研究，2015，50（01）：140－152.

［70］范丹著．基于低碳经济发展的中国能源效率研究［M］．北京：中国社会科学出版社，2014.

［71］陈超凡，韩晶，毛渊龙．环境规制、行业异质性与中国工业绿色增长——基于全要素生产率视角的非线性检验［J］．山西财经大学学报，2018，40（03）：65－80.

［72］原毅军，谢荣辉．环境规制与工业绿色生产率增长——对“强波特假说”的再检验［J］．中国软科学，2016（07）：144－154.

［73］张成，陆旸，郭路等．环境规制强度和生产技术进步［J］．经济研究，2011，46（02）：113－124.

［74］钱争鸣，刘晓晨．环境管制、产业结构调整与地区经济发展［J］．经济学家，2014（07）：73－81.

［75］何砚，陆文香．环境管制如何影响了中国企业的出口行为——基于企业融资异质性视角［J］．财贸研究，2019，30（12）：30－47.

［76］盛丹，张慧玲．环境管制与我国的出口产品质量升级——基于两控区政策的考察［J］．财贸经济，2017，38（08）：80－97.

［77］郭英远，张胜，张丹萍．环境规制、政府研发资助与绿色技术创新：抑制或促进？——一个研究综述［J］．华东经济管理，2018，32（07）：40－47.

［78］杜龙政，赵云辉，陶克涛等．环境规制、治理转型对绿色竞争力提升的复合效应——基于中国工业的经验证据［J］．经济研究，2019，54（10）：106－120.

［79］赵玉民，朱方明，贺立龙．环境规制的界定、分类与演进研究［J］．中国人口·资源与环境，2009，19（06）：85－90.

［80］原毅军，刘柳．环境规制与经济增长：基于经济型规制分类的研究［J］．经济评论，2013（01）：27－33.

［81］李晓萍，张亿军，江飞涛．绿色产业政策：理论演进与中国实践［J］．财经研究，2019，45（08）：4－27.

［82］朱润洲．坚持绿色发展、推进产业转型［N］．经济日报，2020－07－09（011）.

［83］刘丽萍．生态文明建设的财税政策探讨［J］．农村经济，2009（02）：87－89.

[84] 苏明．我国生态文明建设与财政政策选择［J］．当代农村财经，2015（05）：2－10.

[85] 李志强．经济发达地区产业绿色转型及创新启示——评《产业转型的地方实践——苏南工业园区的生态文明建设》［J］．中国名城，2018（03）：91－94.

[86] 王辉．十八大以来我国生态文明建设的回顾与展望［J］．文化创新比较研究，2020，4（12）：136－137.

[87] 陈涛．浙江生态文明建设的生动实践与启示——以近20年来的实践探索为例［J］．嘉兴学院学报，2021，33（02）：83－88.

[88] 单锦炎．深入践行“两山”理念 以“重要窗口”的使命担当高水平建设新时代美丽浙江［J］．环境与可持续发展，2020，45（06）：179－181.

[89] 本书编写组．《党的十九大报告辅导读本》，北京：人民出版社，2017.

[90] 余丽生．《现代财政制度：全面深化财税体制改革的选择》，北京：中国财政经济出版社，2018.